政府に尋問の筋これあり

西郷隆盛の誤算

鈴木荘一

毎日ワンズ

はじめに

明治維新は市民革命である。イギリス名誉革命（一六八八年）、アメリカ独立宣言（一七七六年）、フランス革命（一七八九年）に次ぎ、ロシア革命（一九一七年）に先立つ、世界史上、第四番目の市民革命である。

明治維新前期の最大功績者は、議会制度を想定して大政奉還を断行した徳川慶喜《よしのぶ》である。このことは前著『明治維新の正体』（毎日ワンズ）で明らかにした。後期の最大功績者は、幕府瓦解《がかい》・慶喜失脚後、大政奉還で示された議会主義のバトンを引き継ぎ、自由民権運動を経て帝国議会開設を勝ち取った後藤象二郎である。

すなわち明治維新とは、慶応三年の大政奉還に始まり、民撰議院設立建白書（明治七年）、国会期成同盟（明治十三年）を経て、明治二十三年の帝国議会開設によって完成した、世界史上第四番目の市民革命であり、主役は前期が徳川慶喜、後期が後藤象二郎なのである。

このことを正しく理解しているのは福沢諭吉くらいなのではあるまいか？　福沢は時事新報の「後藤伯」と題する社説で、

「政府の現状を変え諸悪を払い清める非常大胆の豪傑・満天下唯一の人物は後藤伯だけである」

とし、大政奉還から帝国議会開設に至る後藤象二郎の功績を絶賛している。これが最も正しい明治維新論であろう。なぜなら、「刀槍の時代」から「議会の時代」を目指した徳川慶喜と後藤象二郎という二人の稀有なステーツマンの決断によって、わが国は帝国議会開設に漕ぎつけたからである。

　これまで、西郷隆盛が誰の眼にも動かすことのできない明治維新最大の功労者ということであったろうが、西郷によって引き起こされた戊辰《ぼしん》戦争と西南戦争は無益な道草だった。西郷が武力倒幕を目指して戊辰戦争という流血をもたらしたため、明治維新は無血のイギリス名誉革命型の市民革命になり得ず、日本人の間に深い亀裂を残し、百五十年経った今日でも戊辰戦争の怨念は消えない。日本人は、この傷のため世界に対して、

「明治維新は、世界史上、第四番目に生じた市民革命である」

と胸を張って説明することができなくなってしまったのである。

西郷をそそのかして討幕＝戊辰戦争という無益な流血を引き起こさせた張本人は、勝海舟である。すでに幕府に見切りをつけ、長州の木戸孝允《たかよし》と裏で手を組んでいた勝海舟が西郷を使嗾《しそう》したことによって、明治維新は血にまみれてしまった。その意味で、勝海舟の罪業《ざいごう》は重い。

　幕末維新史の最高権威、京都大学名誉教授井上清氏は、

「彼（西郷）は（島津）斉彬《なりあきら》の手足となって働いた青年時代から討幕の成功まで、斉彬あるいは勝海舟の思想をわが物とし、つねに変革勢力の最先頭あるいは先頭の一人として指導的地位

を占めつづけてきた」（『西郷隆盛』中公新書）

と述べて、西郷隆盛の功績を高く評価している。これについて私に異存はない。私がいいたいのは、

「島津斉彬は当時一流の名君だったから、斉彬が生きているときの西郷は傑物だった」

けれども、

「勝海舟は浅薄《せんぱく》なご都合主義の奸物《かんぶつ》だったので、勝を信じた西郷は名声を汚した」

ということに尽きる。

世界史の高校教科書を見ると、『詳説世界史』（山川出版社）は明治維新について、

「攘夷・開国をめぐるはげしい対立のなかで、開国は断行され、ついに武家政権は終わりを告げ、明治維新となった。明治政府は列強の侵略に対抗するため富国強兵をはかり……」

と記述するのみで、世界史上、第四番目に生じた市民革命であることを明示しない。

次に、日本史の高校教科書を見ると、『詳説日本史』（山川出版社）は明治維新について、

「五稜郭《ごりようかく》にたて籠《こも》った榎本武揚《たけあき》の軍も降伏したので、国内は新政府によって統一された」

とした上で、欄外に注記として小さな文字で、

「この過程を総称して明治維新とよぶことがある」

と書くだけで、そもそも明治維新とは何であったか、を示していない。

山川出版社の『詳説日本史研究』は、東京大学教授加藤陽子氏、東京大学史料編纂所教授本郷和人氏など錚々《そうそう》たる執筆者による良心的な著作物だが、

「明治維新の性格については、昭和初期にマルクス主義歴史学の立場から『講座派』と『労農派』の見解が示されたが、最近では西欧先進列強の東アジア進出という国際的環境にさらされた日本の対外的危機意識と国家的独立の達成の意義を強調し、外圧に対抗しつつ行なわれた封建的諸制度の打破という国内変革により近代国民国家の形成が進められたとする見方が有力である」

と述べるだけで、明治維新が市民革命であることを明言していない。まことに遺憾なことである。

日本歴史学会も明治維新について、『詳説日本史研究』と同じく、

「列強の東アジア進出という外圧に対抗しつつ対外的危機意識から行なわれた近代国家形成……」

との趣意を主張している。この主張は、戦前においては、

「富国強兵を成し遂げたわが日本は、アジアの指導民族として欧米列強と対峙し、欧米勢力を

アジアから駆逐してアジア解放の使命を果たすべき……」
との大東亜解放戦争の理論的主柱となり、これを信奉したわが国は先の大戦に突入して惨敗した。

しかるに日本歴史学会は、敗戦後も、この見解を引きずっているらしい。

東京大学名誉教授でＪＩＣＡ理事長北岡伸一氏は読売新聞（二〇一六年十二月十一日付）で、「明治維新１５０年」と題し、「開国と民主的変革に意義、途上国の発展モデルに」を副題として、

「（明治維新は）積極的に国を開き、西洋諸国と対峙するために、国民全てのエネルギーを動員すべく、既得権益を持つ特権層を打破した民主化革命であり、人材登用革命であった。（中略）明治の偉大さは、開国と民主的な変革によって、国民の自由なエネルギーの発揮を可能ならしめたことにある。（中略）途上国の発展に貢献することを、明治維新１５０年を記念して、ぜひ国家的プロジェクトとして推進したいと考えている」

と述べている。しかし私から見れば、北岡氏のいう、

「西洋諸国と対峙するため国民のエネルギーを発揮させた明治維新を、途上国の発展モデルとし、途上国の発展に貢献することを明治維新を記念する国家的プロジェクトとしたい」

との趣意は、戦前の、

「富国強兵を成し遂げたわが日本は、アジアの指導民族として欧米列強と対峙し、欧米勢力を

アジアから駆逐してアジア解放の使命を果たすべき……」

との大東亜解放思想と、根幹部分において、大差ないように見える。

私は、こうした日本歴史学会や北岡氏の見解にまったく賛同できない。

私は、「明治維新とは世界で第四番目に生じた市民革命」と考えており、「わが国は、市民革命を成し遂げた国々と、大人の交際をしていくべき」と考えている。この考えは「脱亜論」を唱えた福沢諭吉に似ている、と思う。

「明治維新とは何ぞや」という論点は、現在そして今後のわが国の外交基本方針に関わる最も重要な論点であり、選択であり、分岐点なのである。

平成三十年一月

鈴木荘一

政府に尋問の筋これあり——西郷隆盛の誤算

目次

第四章　西郷は二度の島流しに遭う……205

第一章　江戸無血開城から西南戦争まで

西郷のひと言

慶応三年（一八六七年）十月十二日、徳川慶喜は征夷大将軍として最大の、しかも最後となる政治決断を行なった。

大政奉還である。

在京の老中以下、幕府諸役人が二条城に呼ばれ、徳川慶喜から大政奉還の決意が告げられた。翌十月十三日、慶喜は在京諸藩十万石以上の大名の重臣を二条城二の丸御殿に招集し、京都所司代桑名藩主松平定敬《さだあき》が『大政奉還上表文草稿』を示して説明した。

翌十月十四日朝、二条城に精鋭のフランス式陸軍部隊を率いて陣取っていた徳川慶喜は青年旗本の大沢右京太夫基寿《もとひさ》（高家）に参内を命じ、明治天皇への『大政奉還上表文』を提出させた。

その内容は、

「臣慶喜、謹ンデ皇国時運之沿革ヲ考エ候ニ……。当今、外国ノ交際日ニ盛ナルニヨリ、愈《イヨイヨ》、朝権一途ニ出申サズ候テハ、綱紀立チ難ク候間、従来ノ旧習ヲ改メ、政権ヲ朝廷ニ帰シ奉リ、広ク天下ノ公議ヲ盡《ツク》シ、聖断ヲ仰ギ、同心協力共ニ皇国ヲ保護仕リ候得バ、必ズ海外万国ト並ビ立ツベク候。臣慶喜、国家ニ盡ス所、是ニ過ギザルト存ジ奉リ候……」

というものである。すなわち、

「外国との交際が盛んになっている今日では、従来の旧習を改め、広く会議を尽くし、聖断を仰いで同心協力すれば、皇国の時運を保護できるだけでなく、海外の万国と並び立つことが可能である」

としたのだ。

この大政奉還に対抗して十二月九日、朝廷から王政復古の大号令が発せられた。これを受けて早くもその日の夕刻、朝廷において朝議（小御所会議）が開かれた。出席者は明治天皇並びに公卿衆、大名格としては尾張藩の徳川慶勝、越前藩の松平春嶽《しゅんがく》、土佐藩の山内容堂、薩摩藩の島津忠義《ただよし》、安芸藩の浅野茂勲《ながこと》の五人。このほか越前藩士中根雪江、土佐藩士後藤象二郎、薩摩藩士大久保利通、安芸藩士辻将曹《しょうそう》らが列席した。明治天皇はまだ十五歳だった。会議ではまず議定中山忠能《ただやす》が、

「徳川慶喜が大政を奉還し将軍職を辞任したので、王政の基礎を定めるため、この会議を開く」

と開会の辞を述べた。続いて公家側から、

「慶喜に官位（内大臣）の返上と領地の返納を求める」

との議題が出された。

それに対し、まず土佐藩の山内容堂が、

「王政の基礎を打ち立てるこの会議に、徳川慶喜が召されていないのは、公平な処置とはいえ

ない。慶喜を早々に朝議に加えられたい」

とおもむろに発言した。

すると参与の大原重徳《しげとみ》が、

「徳川慶喜が政権を奉還したとはいうものの、まず忠誠の実証を見なければならない」

と反論した。大原重徳のいう忠誠の実証とは、徳川慶喜の官位拝辞と所領四百万石の没収、すなわち「辞官納地」である。容堂は怒りを顕《あら》わし、

「なんたることをいわれるか。およそ本日のことは頗《すこぶ》る陰険にわたっている。徳川慶喜は祖先より受け継いだ将軍職を投げうち、政権を奉還したのだ。その忠誠は誠に感嘆に堪えない。また徳川慶喜の英明は天下に聞こえている。速やかに徳川慶喜を朝議に参加させて意見を述べさせるべきである。あなたたち公卿はなぜ今日のような独断を行ない、あえて天下の乱階《らんかい》を開こうとされるか」

と断じた。堂々たる正論である。誰も反論することはできなかった。

その直後、勢いに乗った容堂は口を滑らせ、さらに続けて、

「この暴挙をあえてした二、三の公卿の意中を推し量れば、幼冲《ようちゅう》の天子を擁して、権力を私《わたくし》しようとするもの」

と、岩倉具視《ともみ》を厳しく糾弾したのである。山内容堂のいうとおりである。

しかし岩倉も負けてはいられなかった。容堂の言葉が肯定されれば、岩倉は不忠の朝臣となるからである。実は当時、

「岩倉具視が孝明天皇を毒殺した」

との噂が広く流布されていた。

孝明天皇ははっきりした公武一和の主張を持たれた天皇だった。

しかるに岩倉具視は、孝明天皇崩御ののち、薩長と結んで孝明天皇の意思とまったく異なる方向へ朝廷を引っ張っていった。このような岩倉の不忠は誰の眼にも覆い隠すことのできない事実だった。しかも孝明天皇毒殺の下手人《げしゅにん》と噂される岩倉にとって、容堂からの糾弾の言葉は、岩倉自身の政治生命を抹殺しかねない痛撃だったのである。

突然、矢面《やおもて》に立たされた岩倉は、まなじりを上げて反撃に出て、容堂を、

「御前でござるぞ、お慎みあれ。『幼い天子を擁して』とは無礼にもほどがあろう！」

と一喝した。岩倉は、さらに続けて、

「徳川慶喜が本当に反省しているなら、自ら官位を退き、土地を朝廷に還納すべきである。朝議参加はそれからのことだ」

と声を励まし、居丈高《いたけだか》に主張した。末席にいた大久保利通も口を開き、

「慶喜に辞官納地を命じ、抵抗する気配があれば、その罪を鳴らして討伐すべきである」

と岩倉を支持した。

しかし越前藩の松平春嶽、尾張藩の徳川慶勝、安芸藩の浅野茂勲が山内容堂の意見に同調し、議論は深夜に及んで膠着し、形勢不利と見た倒幕派は一時休憩を求めた。

この休憩中に、これまで敷居際に陪席を許されていた薩摩藩士岩下左次右衛門《さじえもん》が、西郷隆盛に何やら耳打ちすると、筒袖・兵児帯《へこおび》に刀を差しただけの姿で警備にあたっていた西郷は、

「短刀一本あれば片づくことではないか。このことをよく伝えてくれ」

といい含めた。西郷は、

「山内容堂が会議再開後も慶喜の出席を求めて抗論するなら、明治天皇の御前であっても、山内容堂を刺殺すべき」

と示唆したのだ。議論では勝てないからテロで口を封じよう、というのである。

このとき以降、わが国では、政局の大きな岐路において、慎重論を唱える反対派の代表的人物を問答無用の暗殺によって抹殺し、暴力的な政策を実行するという悪弊《あくへい》が拡がる。

岩下左次右衛門を通じて西郷の意向を伝え聞いた岩倉は、「なるほど」と唸《うな》り、西郷のいうとおり短刀を懐に入れ、山内容堂刺殺の決意を浅野茂勲に伝えた。大事を聞いた浅野はこの話を家来の辻将曹に語り、辻は後藤象二郎に伝え、後藤はこれを主君山内容堂と松平春嶽に伝えた。西郷の殺意と岩倉の決心を知った容堂と春嶽は、論争はこれまでと観念し、身の危険を感

じて沈黙した。

かくして朝議は徳川慶喜に「辞官納地」を命ずることを決定した。

西郷は、山内容堂刺殺を黙示して出席者を脅迫し、実質上の武力倒幕方針を決めさせたのだ。

西郷は、たった「ひと言」で、時代の流れを変えたのである。

皇女和宮の和平嘆願

慶応四年（一八六八年）一月六日、西郷隆盛の挑発に乗った徳川慶喜は鳥羽伏見の戦いに敗れ、大坂城に幕府の大軍を残したまま軍艦開陽丸で江戸へ逃げ帰った。朝廷は早くも一月七日に慶喜追討令を発し、東海道・東山道・北陸道の三道から江戸へ攻め上るべく、東海道鎮撫総督に橋本実梁《さねやな》を、東山道鎮撫総督に岩倉具定《ともさだ》を、北陸道鎮撫総督に高倉永祜《ながさち》を任命。さらに朝廷は一月十日、「朝敵処分」を発表し、

罪第一等　徳川慶喜

罪第二等　会津松平容保《かたもり》、桑名松平定敬

罪第三等　伊予松山松平定昭、姫路酒井忠惇《ただとし》、備中松山板倉勝静《かつきよ》

罪第四等　宮津本荘宗武
罪第五等　大垣戸田氏共《うじたか》、高松松平頼聰《よりとし》

とした。一月十二日に江戸へ帰着した慶喜は小栗上野介《こうずけのすけ》らの主戦派を退けて和平派の勝海舟を海軍総裁に、大久保一翁《いちおう》を陸軍総裁に据え、朝廷へ謹慎恭順の意を表した。さらに慶喜は、前将軍家茂《いえもち》亡きあと落飾し静寛院宮となった皇女和宮《かずのみや》に朝廷への和平嘆願を依頼すべく面会を求めた。すると和宮は、ナポレオン三世から贈られた軍服を着用する慶喜に、

「軍服姿の者には会わぬ」

と断り、一月十五日、素直に軍服を脱いだ慶喜から直々に話を聞いた。

この場で慶喜は、鳥羽伏見戦により朝敵の汚名を着せられるに至った経緯を弁明するとともに、朝廷に、①慶喜の助命、②徳川家存続、③朝廷への謝罪、を伝奏するよう懇願した。

話を聞き終えた和宮二十三歳は、

「①慶喜の助命と②徳川家存続は、政治的問題であるから」

と難色を示し、まず③朝廷への謝罪の周旋《しゅうせん》のみを引き受けた。

和宮は慶喜が懇願した三条件に優先順位をつけ、まず朝廷に謝罪を行ない、当方の誠意が通じたら徳川家存続を願い出て、さらに赦《ゆる》されるなら慶喜の助命を勝ち取ろう、と考えたのであ

る。優先順位を間違えたら三条件のすべてが却下されるかもしれない。こういうことを即座に判断できる和宮は聡明な女性だった。

和宮は、一月二十一日、侍女の上臈《じょうろう》土御門《つちみかど》藤子を朝廷への嘆願の使者として京都へ遣わした。藤子は、慶喜の朝廷に対する嘆願書並びに橋本実麗《さねあきら》、実梁父子に宛てた和宮の直書を持って西上した。直書には次のように書かれていた。

「徳川家が朝敵の汚名を残し候こと、私身にとりては実に残念に存じ参らせ候。なにとぞ私への御憐愍《れんびん》と思《おぼ》しめされ、汚名をそそぎ、家名相立ち候よう、願い上げ参らせ候。官軍を差し向けられ、（徳川家が）お取り潰しに相なり候わば、私事も当家滅亡を見つつ長らえ候も残念に候。きっと覚悟いたす所存に候。私一命は惜しみ申さず候えども、朝敵と共に身命を捨て候ことは、朝廷へ恐れ入り候ことと心痛いたしおり候。心中御憐察あらせられ、願いのとおり家名のところ御憐愍あらせられ候わば、私は申すまでもなく（徳川）一門家僕の者ども深く朝恩を仰ぎ候ことと存じ参らせ候」（『静寛院宮御日記』）

すなわち、新政府軍が江戸城総攻撃を行なうなら自分は徳川家の一員として自決する、と宣言したのである。これが現実となれば、新政府軍が江戸城を軍事制圧しても、幕臣らの新政府を恨む気持ちが強く残り、それ以降、朝廷の江戸・関東・東日本の統治は困難を極めるだろう。江戸城無血開城は、こうした和宮の覚悟によって、成就するのである。

土御門藤子は二月一日、上洛の途次、桑名（現三重県桑名市）に至り、進撃してきた東海道鎮撫総督橋本実梁と光徳寺にて面会して和宮の直書を手交した。

しかし討幕軍の最大実力者で、自ら「御存知のとおりの戦好《いくさず》き」と公言する西郷隆盛が、「武力による追討によらなければ旧幕府勢力の一掃はできない。静寛院宮（和宮）からの直書といっても、しょせんは賊徒からの申し分に過ぎない」

と歯牙《しが》にもかけず却下した。西郷の態度は強硬で、倒幕・慶喜切腹という処置を主張していたのだ。大久保利通への慶応四年（一八六八年）二月二日付手紙にもこう書いている。

「慶喜退隠の嘆願、はなはだ以て不届き千万。ぜひ切腹まで参り申さず候わでは相済まず。静寛院宮と申しても、やはり賊の一味となりて、（慶喜の）退隠ぐらいにて相済み候ことと思しめされ候わば、致し方なく候につき、断然追討あらせられたきことと、存じ奉り候。かくまで押し詰め候ところを、寛《ゆる》やかに流れては、再びほぞをかむとも益なき訳に到り候わん」（『大久保利通宛書簡』）

これが西郷の本心であり、大久保も同様であった。

このときから、上臈土御門藤子と西郷の暗闘が始まる。

藤子は、狷介《けんかい》なる西郷によって和宮の和平嘆願が握り潰され、東海道鎮撫総督橋本実梁に実権がないことを知ると、桑名での解決を諦め、さらに京都へ道を急いだ。

「小者の西郷ごときを相手にしても埒はあかない。もっと上の話の分かる者に会わなければならない」

と思ったのである。こうした頭の回転の速さが土御門藤子の真骨頂である。

藤子は二月六日に入京し、公卿の正三位議定長谷《ながたに》信篤、権大納言参与中院通富《なかのいんみちとよ》らに事の次第を訴えた。すると長谷信篤は二月十六日、藤子に、

「朝廷においても充分に検討する」

と回答した。このことについて岩倉具視は、

「十六日（長谷）信篤は、内親王（和宮）哀訴のことは厚く朝議を尽くさるべきの旨を、藤（土御門藤子）に伝う」（『岩倉公実記』）

と記録している。

和宮親子（ちかこ）内親王

一方、朝廷は二月六日、東海道・東山道・北陸道鎮撫総督を先鋒総督兼鎮撫使へ改称し、二月九日に有栖川宮熾仁《たるひと》親王を東征大総督に任じ、有栖川宮に江戸城・徳川家の処置につき裁量の全権を与えた。先発した先鋒総督兼鎮撫使は有栖川宮の指揮下に組み入れられ、東征大総督参謀には西郷隆盛と林通顕《みちあき》（宇和島）が任じられた。

徳川慶喜は恭順の意を示すため二月十二日に江戸城を退き上野寛永寺へ引き籠って謹慎したが、新政府内では慶喜への厳罰論が優勢となり、明治天皇より節刀を下賜《かし》された有栖川宮大総督は二月十五日、東征のため京都を進発。西郷は、

「慶喜を生かしておいてはならん。斬るべし！」

と将兵を叱咤し、何としても江戸へ攻め込む姿勢を示した。

突きつけた請求書

こうしたなか土御門藤子が届けた和宮の嘆願状は、従三位権中納言万里小路《までのこうじ》博房を通じて従三位右兵衛督岩倉具視に伝えられ、二月十六日、議定の正親町《おおぎまち》三条実愛《さねなる》から東海道先鋒総督橋本実梁の父橋本実麗に対し、口演書《こうえんしょ》（正式文書でない覚書）ながら、

「謝罪の道も相立ち候上は、徳川家血食《けつしょく》（存続）のことは厚きおぼしめしもあらせられ候やにも伺い候あいだ、右のところは、宮様（橋本実麗）よりも厚く（和宮に）お含めあらせられ候よう、存じ候こと」（『静寛院宮御日記』）

と伝達され、徳川家存続の方針を和宮に内示することとなった。土御門藤子は、西郷との戦いに勝ったのである。

藤子は徳川家存続の内諾が橋本実麗に下ったことを確認して使者としての役割を果たすと、朝廷の返書を持って二月十八日に京都を発ち、三月一日に江戸へ帰着し、待ちかねていた和宮に、

「嘆願が認められ、徳川家存続の内諾が得られた」

ことを復命し、和宮を安堵させた。朝廷からの正式な返答は、

「願いの儀については朝議を尽くす」

というだけだったが、橋本実麗に与えられた口演書に副《そ》えられた正親町三条実愛の書状の写しには、

「謝罪の道筋が立てば、徳川家の存続は可能」

との旨があった。これによって、徳川慶喜の助命が許されるか否かは不明ながら、

「江戸無血開城と徳川家存続」

が決まったのである。

この間《かん》も、東海道先鋒総督軍は北上を続けている。

一月二十一日に江戸を発った土御門藤子が三月一日に江戸へ帰着して「江戸無血開城と徳川家存続」が決まったことを報告するまで、和宮は焦燥の日々を送ったことだろう。藤子に託した徳川家寛典《かんてん》（寛大な処置）を朝廷が受け入れるか否か、江戸ではさっぱり不明だったからで

ある。

そこで和宮は、二月二十六日、従兄である東海道先鋒総督橋本実梁に密かに手紙を送り、

「自分は徳川家の存亡に従う決心であり、徳川家存続の嘆願が聞き入れられず徳川家断絶となる場合、（徳川）家が亡び親族の危窮を見捨てて自分だけが生き延びて末代まで不義者といわれるわけにはいかないから、信義のため、一命を惜しまず潔く死ぬ覚悟である。しかし朝敵となった徳川慶喜と共に身命を捨てては、父仁孝《にんこう》天皇に対して不孝、兄孝明天皇に対して不悌《ふてい》となる。どうすればいいか当惑している」

と伝えた。征討軍が徳川家を朝敵として攻めるなら、自分は不義不貞の汚名をさけるべく徳川一門として死ぬ覚悟であるが、自分が朝敵の一味として死ぬなら、自分は父仁孝天皇に不孝、兄孝明天皇に不悌という矛盾に陥る、との衷情を訴えたのである。

これは和宮が、ただ単に「自分は悩んでいる」といったのではない。和宮は、

「自分がこういう板挟みに陥る原因を作ったのは、嫌がる自分を無理やり徳川へ降嫁させた四奸二嬪《しかんにひん》（岩倉具視、千種有文《ちぐさありふみ》、富小路敬直《とみのこうじひろなお》、久我建通《たけみち》および女官今城《いまき》重子、堀河紀子《もとこ》）らである。この者たちは一体どういうつもりなのか！」

と岩倉具視らを糾弾したのである。

ここに和宮の、ただならぬ凄味がある。

「男の顔は履歴書、女の顔は請求書」といわれるが、和宮はこの一言で岩倉らに対して強烈な請求書を突きつけたのである。

和宮の五条件

和宮は、京都御所の東に隣接する橋本邸にて、父仁孝天皇、母典侍橋本経子《つねこ》の娘として生まれ、母方の橋本邸で養育された。和宮は孝明天皇の異母妹であり、明治天皇は和宮の甥にあたる。橋本家は「藤原北家閑院流の堂上家《とうしょうけ》」という正二位・権大納言に昇任する最高級の上級公卿であり、和宮の伯父の橋本実麗は慶応三年（一八六七年）に権大納言に任ぜられ、朝廷内に隠然たる勢威を保持していた。

和宮降嫁が話題に上ったのは和宮十三歳の安政五年（一八五八年）。その後、万延元年（一八六〇年）三月三日に桜田門外の変で井伊大老が暗殺され、幕府の威信が低下すると、幕府は公武合体を唱えて、将軍家茂への皇女和宮の降嫁を正式に願い出た。幕府からの要請に当初、孝明天皇は消極的だった。和宮はすでに有栖川宮との婚約が成立していたし、和宮自身も政争に巻き込まれることを懸念し、降嫁を拒絶していたからである。

しかしこのとき、孝明天皇から諮問を受けた侍従右近衛権少将岩倉具視は、

「幕府に通商条約破棄を命じ、幕府が了承するなら和宮降嫁を認めるべき」と意見書を以て答申した。これをご覧になった孝明天皇は、

「念願とする攘夷が、和宮降嫁という公武一和によって実現するかもしれない」と考え、和宮降嫁に積極的になられた。そこで幕府の方でも、万延元年七月、実現不可能で心にもない攘夷の誓約を行なった。こうして朝廷と幕府は和宮降嫁による公武合体を実現させた。しかし岩倉具視のように、「皇女を下げ渡すから攘夷を行なえ」などと交換条件を付けるのでは、政略結婚というより人身御供《ひとみごくう》に近い。

要するに和宮降嫁とは、幕府と朝廷の幕朝戦争ともいうべき軍事対決を避けるための「かすがい」であるとともに人質でもある政略結婚であって、幕府と朝廷が各々の生存を図るため、互いに保険を掛け合ったものである。和宮が降嫁を拒絶したのは、

「自分は人質であり、いずれ政争に巻き込まれる運命」

であることを予知したからである。

かつて後鳥羽上皇は鎌倉幕府（執権は北条義時）を倒して朝廷権力を回復しようと、承久三年（一二二一年）、「義時追討の院宣《いんぜん》」を発して「承久の乱」を起こしたが敗れ、後鳥羽上皇は隠岐へ、順徳上皇は佐渡へ、土御門上皇は土佐（のちに阿波）へ配流され、四歳の仲恭天皇は皇位を廃された。承久の乱という幕朝戦争は朝廷側の敗北となって朝廷権力は衰微し、幕府の

支配力が強化された。幕朝戦争は朝廷にとっては悪夢以外の何物でもなかったのだ。

和宮降嫁を決意した孝明天皇は同年八月六日、関白九条尚忠《ひさただ》を通じて橋本実麗と橋本経子に和宮を説得させるよう命じたが、和宮は、

「たとえ尼になるとも不承知である」

と抵抗した。しかし孝明天皇の意思は極めて強固で、十三日、新大典侍勧修寺徳子《かしゅうじなりこ》、勾当《こうとう》掌侍高野房子を和宮のもとへ遣わし、和宮が降嫁を辞退するなら自分の第三皇女の寿万宮《すまのみや》二歳を家茂の妻として江戸へ送る。もし寿万宮降嫁も実現しない場合、自分は「一決（退位）候儀もこれあり候」（『尚忠公記』）と退位の姿勢を示し、重ねて、

「和宮が降嫁を辞退するなら、和宮を林丘寺門跡として尼僧とし、橋本実麗と橋本経子を厳罰に処す」

との沙汰を伝えられた。

和宮は自分が降嫁を断れば、伯父の橋本実麗と母の橋本経子に累が及ぶのみならず、二歳の寿万宮を江戸へ送るという天皇の決意に心を痛め、さらに天皇退位という政治的混乱を憂慮し、嫌々ながら縁談を承諾することとし、兄孝明天皇に、

「天下泰平の為、まことに嫌々のこと、余儀なくお受け申し上げ候」

との手紙を送った。

ただし、降嫁にあたって和宮は、

一、父仁孝天皇の十七回忌ののちに関東へ下向し、以後も回忌ごとに上洛すること。
二、大奥に入っても、和宮の身辺は万事御所の流儀を守ること。
三、御所の女官をお側付きとすること。
四、御用の際には、伯父橋本実麗を江戸へ下向させること。
五、御用の際には、上臈を使者として上洛させること。

の五カ条を条件とした。ここで最も重要なことは、第四項と第五項である。

第四項と第五項の「御用の際」とは、「承久の乱のような幕朝戦争ともいうべき幕府と朝廷の深刻な軍事対立が生じた場合」ということである。そのような場合には、幕府と朝廷の対立を調停するため、伯父の橋本実麗が江戸へ下向するか、あるいは和宮御付きの上臈を上洛させることを条件としたのだ。

従って「御用」という緊急時に備えるには、和宮のお側に仕える女官は、「上洛して京都の要人と差しで話ができる聡明な女性」

でなければならない。だから和宮は、第三項を要求したのである。

江戸へ下る和宮のお側に仕える女官として選ばれたのは、上臈綾小路幹子（従三位綾小路俊賢の娘）、上臈中山栄子（権大納言中山忠能の娘）、上臈土御門藤子（陰陽頭土御門晴親の娘）、上臈白川類子（神祇伯白川資敬の娘）、典侍庭田嗣子《つぐこ》（権大納言庭田重能の娘）、命婦鴨脚《いちょう》克子（賀茂の社家の娘）、中臈玉島（少納言山根輝昌の娘）ら、いずれ劣らぬ才女ばかりだった。

こうして運命を受け入れた和宮は、東下の心を、

「惜しまじな、君と民との、ためならば、身は武蔵野の、露と消ゆとも」

との和歌に託し、文久元年（一八六一年）十月、京都を出発し、同年十一月、江戸に到着。将軍家茂との婚儀は文久二年（一八六二年）二月に盛大に執り行なわれた。

不忠者と呼ばれた岩倉具視

ところが朝廷内では、嫌がる和宮を無理やり降嫁させたことに対する反発が強まり、和宮降嫁を推進した関白九条尚忠は文久二年六月に関白を辞職。翌月、九条の家臣島田左近が薩摩藩士田中新兵衛に惨殺され、閏八月には同家臣の宇郷重国が暗殺され首級が松原河原に晒された。九月、たまらず九条は出家した。

さらに、意見書を天皇に提出して和宮を幕府へ差し出した張本人の岩倉具視には、

「不忠者！」

との非難が集中し、同年七月二十四日に失脚。八月二十日に辞官・蟄居《ちっきょ》・出家を命じられたが、攘夷派から、

「京都から退去しなければ首級を四条河原に晒す」

と脅迫され、身の危険を感じた岩倉は十月四日、洛北の岩倉村に身を潜めた。岩倉が市中への立ち入りを許されたのは五年後の、徳川慶喜が大政奉還を行なった翌月の慶応三年（一八六七年）十一月である。


土御門藤子が京都へ入って正三位議定長谷信篤らに徳川寛典嘆願状を提出したのは慶応四年二月、すなわち岩倉が赦されてからわずか三カ月後である。もし復権したばかりの岩倉が西郷隆盛や大久保利通の口車に乗って和宮の要請を拒絶するなら、岩倉は和宮のみならず京都の人々の恨みを買い、岩倉の首級は胴体から離れて四条河原に晒されるかもしれない。

岩倉は、こういうことを瞬時に計算できる抜け目のない男だった。

岩倉としても背に腹は代えられない。ここは和宮の要求をすべて呑んだ方が得策と判断したのである。

岩倉は、慶喜切腹を唱える西郷と大久保を抑えて、

「徳川家が反抗せず新政府に絶対恭順を示すなら寛典を与える」

との決定を下した。

徳川家の存続が確認されると、和宮の次なる仕事は、幕臣の動揺を鎮《しず》め恭順を守らせることだった。

勢いに乗る新政府軍の先鋒は、すでに江戸の近くまで進出し、幕府軍と対峙している。何かのきっかけで戦闘が勃発しかねない状況だった。睨み合う新政府軍と幕府軍が興奮して衝突すれば、鳥羽伏見戦争の二の舞となる。和宮は、徳川家存続の努力が水泡に帰すことを恐れ、慶応四年（一八六八年）三月八日、幕臣に対して、

「心得違いによって恭順の態度を破り、徳川家存続という寛典の道を自ら閉ざすことのないよう」

諭した。

かつて徳川慶喜は、相楽《さがら》総三の薩摩御用盗《ごようとう》という西郷の挑発にまんまと乗り、鳥羽伏見戦争に敗れて幕府を瓦解させてしまった。

のちに西郷隆盛は、大久保利通の挑発に乗り、城山で死んでしまう。

一国の指導者であるなら、挑発に乗って勝ち目のない戦などしてはならない。勝てぬ戦と見

たら、部下の興奮を鎮めて勝負をおりなければならない。漬物桶の木蓋の上の漬物石のようにどっしりと構え、血気に逸《はや》る将兵を抑えてこそ名将といえるのである。その点で和宮は、徳川慶喜や西郷隆盛よりはるかに冷静な「名将」であったといえよう。

山岡鉄舟と西郷隆盛の駿府会談

幕府は慶応四年(一八六八年)三月一日の土御門藤子の江戸帰着により、「江戸無血開城」と「徳川家存続」が決まったことを知ったが、進軍してくる新政府軍にこのことが伝わっているか否かは分からない。その確認が必要である。そこで幕府は旗本の山岡鉄舟を、東海道先鋒総督軍の西郷隆盛のもとへ使者として送った。

山岡は、新政府軍が街道に充満するなか、

「朝敵徳川慶喜家来、山岡鉄太郎まかり通るッ」

と大音声《だいおんじょう》で悠々と歩いてゆき、三月九日、駿府(現静岡市)で西郷に面会し、

「慶喜は謹慎している。江戸城を開城するので、総攻撃を回避するよう」

改めて要請した。これに対して西郷はその場で、左記の七カ条を山岡に提示した。

一、慶喜は備前岡山藩（外様三十一万五千石、藩主池田茂政）に預ける。
二、江戸城を明け渡す。
三、軍艦を引き渡す。
四、兵器をすべて差し出す。
五、江戸城内に居住の家臣は向島へ移り謹慎する。
六、慶喜の妄動を助けた者を処罰する。
七、暴挙するものは、官軍の手によって、鎮定する。

この七カ条は、

「慶喜が絶対恭順し、江戸城・軍艦・兵器をことごとく差し出して抵抗の意思を放棄するなら、慶喜の生命を助け、徳川家は存続させる」

というもので、和宮の懇請を受けた岩倉の判断で決定された内容である。岩倉の判断はすでに西郷に伝わっており、西郷も同意していたことが確認されたのである。しかし山岡は、第二項以下については応諾したが、第一項について、慶喜の預け先を親藩とするよう強く求め、

「もし島津宍が将軍慶喜と同じ立場になったら、貴殿はこの条件を受け入れないはずだ」

と反論した。

結局西郷は山岡の熱意に心を動かされ、慶喜の身の安全を保証し、第一項の見直しを約束した。
後年、西郷は山岡を、「命も名も官位も金も要《い》らない人だ」と称えている。
こうして江戸城無血開城の合意が成立したのである。維新後、山岡は西郷のたっての依頼で明治天皇の侍従となる（侍従時代、山岡は酔った天皇を投げ飛ばすなど豪放なエピソードを残す）。

山岡・西郷会談によって慶喜の助命と徳川家存続の確認はとれたが、それでも不安と焦燥に駆られる幕臣の動揺は沈静しない。そこで和宮は動揺する幕臣の暴発を懸念し、三月十日、土御門藤子を沼津に進駐してきた東海道先鋒総督の橋本実梁のもとへ遣わし、

「自分が幕臣に軽挙妄動、暴発せず恭順するよう諭しているので、朝廷としても『徳川の家臣であっても帰順する者は宥免《ゆうめん》する方針』を一日も早く明示するよう」

求めた。橋本実梁は和宮の伯父橋本実麗の養子であり、和宮の従兄でもある。すなわち実梁は、東海道先鋒軍の大将であるとともに、父橋本実麗の名代でもあるのだ。

前述のとおり、和宮が降嫁に際し要求した五条件のうち第四

山岡鉄舟

項は、

「御用の際には、伯父橋本実麗を江戸へ下向させること」

としていた。すなわち東海道先鋒総督橋本実梁は、

「幕朝戦争の際に、円満解決を図るため江戸へ下向する橋本実麗の代理人」

なのである。従って実梁としても、和宮の要望を受けざるを得なかったであろう。

さらに和宮は、翌十一日、蕨《わらび》宿（現蕨市）へ進出した東山道先鋒総督岩倉具定（岩倉具視の次男）に侍女玉島を急派し、同方面の新政府軍の進撃を中止するよう請わせた。

西郷・勝会談の謎

江戸に入った西郷は勝海舟と慶応四年（一八六八年）三月十三、十四日に江戸薩摩藩邸で会談。三月十五日に予定された江戸城総攻撃は中止され江戸城無血開城が確定した。西郷・勝会談で変更となったのは、

「慶喜の預け先が備前岡山藩（外様）から水戸藩（御三家）になった」

ことだけである。しかしこの慶喜の預け先はメンツだけの問題で、水戸藩でも備前岡山藩でも大差ない。そもそも備前岡山藩の藩主池田茂政は慶喜の弟なのである。

徳川家存続・江戸城無血開城については前に述べたごとく、二月十六日に徳川家存続が橋本実麗に内示され、土御門藤子は三月一日に江戸へ帰着して和宮に復命し、決着済みである。慶喜助命問題は、山岡が三月九日に駿府で西郷と面会したとき、西郷から慶喜助命を伝えられ、これも解決済みである。

繰り返すが、未解決の課題として西郷・勝会談に持ち越され決定されたのは、

「慶喜の預け先が備前岡山藩から水戸藩に変更になった」

ことだけである。つまり西郷・勝会談とは、交渉の大筋が成立したあと、事務的な細部の詰めを行なったに過ぎない。

和宮の努力により徳川家寛典が得られたから、江戸城無血開城が可能になったのである。

しかるに勝海舟が、

「江戸城無血開城は俺の手柄だ」

と大ホラを吹いて自己宣伝に終始し、御用学者や取り巻き連中が勝海舟に追従し、

「江戸城無血開城は、勝海舟と西郷隆盛が立役者であった」

との虚偽を喧伝したのである。

和宮の尽力により駿府七十万石で徳川家存続

和宮は、土御門藤子と侍女玉島を新政府軍へ送って進撃を遅らせるとともに、不測の事態が勃発して戦闘状態に入ることのないよう、三月十八日、幕臣一同に対し重ねて、

「慶喜一身の事をかれこれ論ぜず、ただただ神君（家康）以来の御家名相立ち候よう心がけ、謹慎相守り候よう」（『静寛院宮御日記』）

と恭順を守るよう訴えた。

一足先に江戸へ進駐してきた薩長兵は粗暴で、江戸士民をいちじるしく刺激していた。だから和宮は、不安と不満を高め、いまにも暴発しそうな幕臣たちに徳川家存続の朝廷の内意を知らせ、軽挙妄動を戒めたのである。

朝廷は三月二十日に慶喜助命と徳川家存続を正式に決定し、四月四日、橋本実梁と柳原前光《さきみつ》が勅使として江戸城へ入り、朝旨として田安慶頼に、

「江戸城明け渡し、軍艦・銃砲の引き渡し、徳川家存続、徳川慶喜助命」

を正式に伝えた。和宮は九日に江戸城を出て清水邸へ移り、十一日に慶喜は江戸を発して水戸へ退去し、江戸城は新政府軍に接収された。

ところが、江戸城の無血開城が成り、徳川家存続・慶喜助命は決まったが、徳川家の相続者・城地・禄高が決定しない。このため徳川家一門や幕臣らはまたも不安と疑心暗鬼にかられた。

そこで和宮は四月二十一日、朝廷に対して徳川家への寛大な処分について御礼文を書くとともに、閏四月七日、従兄の橋本実梁に、

「徳川家の継嗣の決定を促進するよう朝廷に対して申し入れるよう」

依頼、徳川家の継嗣として田安亀之助（慶頼の三男、のちの貴族院議長徳川家達《いえさと》）を推した。田安亀之助は、かつて第十四代将軍家茂・和宮夫妻の養子に擬せられたこともあり、徳川慶喜が第十五代将軍に就任したのちは慶喜の相続者に予定されたこともある利発な少年だった。衰退する徳川一門・幕臣一同を取りまとめ得る者は他にないと考えられた。

さらに和宮は閏四月十二日、徳川家の城地・禄高について、橋本実梁に、

「家臣の扶持《ふち》が可能な相応の禄高と国替えの宥免」

を朝廷に斡旋《あっせん》するよう求めた。和宮の要請を受けた朝廷は、二十九日に田安亀之助の徳川家相続を許可し、上野戦争終結後の五月二十四日、徳川家の駿府移封と所領七十万石を通達した。

これらも和宮の功績である。

いつの世も願いがかなったときには御礼が生じる。和宮は、徳川家の移封が終了すると朝廷に、

「徳川家寛典処分の御礼と父仁孝天皇陵の参拝のための上洛」

を願い出た。しかし朝廷から、

「明治天皇が東京（七月十七日に改称）へ行幸《ぎょうこう》するので、和宮は上洛を見合わせ東京において

行幸を見届けるよう」

との沙汰があった。朝廷内には、

「江戸町民らは、幕政二百七十年間、幕府あるを知って朝廷あるを知らず。江戸の人心は不安定でどんな危険があるやもしれず。行幸の際、不心得者が乱暴狼藉を働き、玉体にもしものことがあれば、取り返しがつかない」

と不安視する声があり、和宮らも行幸への協力を求められたのである。

明治天皇は京都を発って明治元年（一八六八年）十月十三日に初めて東京へ入り、和宮は十一月一日に天皇と対面。天皇は十二月八日に東京を発ち京都へ戻られた。

明治天皇が東京行幸を無事に終えて京都へ戻られると、和宮は、明治二年（一八六九年）一月十八日に東京を発って京都へ向かい、二月二十四日に参内して明治天皇に挨拶し、明治三年（一八七〇年）一月二十五日に仁孝天皇陵への参拝を果たし、その後も京都に在住した。

一方、明治天皇は明治二年三月七日に再び東京へ入り、以来、江戸城に住まわれた。さらに皇后、皇太后も東京へ移ったので、和宮は明治七年（一八七四年）六月二十四日に京都を発って東京へ帰着。以来、夫家茂の菩提を弔うとともに歌道、雅楽など芸道を友とし、明治天皇の叔母として皇室との交流、家茂の未亡人として徳川家一門との親睦・交際に努めた。

徳川慶喜の助命を勝ち取り江戸町民を戦禍から救ったのは、勝海舟なんぞではなく、和宮である。この和宮の功績に言及しない明治維新史は、まやかしといわざるを得ない。

会津討滅方針

くどくなるが、慶応四年（一八六八年）三月十三、十四日の西郷・勝会談で決まったことは、「慶喜の預け先が、備前岡山藩から水戸藩に変更になった」ことだけである。西郷と勝が、こんな些細なことだけのために二日間も会談したのは、不可思議である。一体、西郷・勝会談で、勝は西郷に、何を語ったのだろうか？　会談の内容を窺い知ることは困難だが、私は、勝が西郷に取り入るため、「新撰組、小栗上野介、会津藩等奥羽諸藩などへの武力行使を勧め、その情報を提供した」のではないかと考えている。

わが国最南端の鹿児島から遠路はるばる北上した薩摩軍将兵が、戦利品を得ぬまま帰郷するなら、西郷は薩摩兵児の怒りと失望を買って失脚するかもしれない。江戸城無血開城だけでは、底辺の薩摩兵は恩賞を得ることができない。西郷は「兵に手柄と恩賞を与えなければ」と焦っていたことだろう。猟犬に充分な餌《えさ》を与えなければ、不満を抱いた猟犬は飼主を噛む。餌を与えてこそ飼主なのだ。薩摩兵を率いる西郷が、こうした基本原理を分からぬはずがない。

そのため勝は、一策を案じた。それについて経済学者の小島慶三氏は、こういう。

「(勝は)主戦論者にいろいろなポストを与え、成功したら何万石の大名にするという好餌《こうじ》を与えて、そういう連中を江戸から離散させた。近藤勇ら新撰組は甲陽鎮撫隊に再編されて、勝からもらった大砲を曳《ひ》いて、甲州路に進軍した。近藤らは勝の『甲州のお城をやるよ、若年寄にする』という空手形を信用したらしい。衝鋒隊《しょうほうたい》は勝から信州中野の十四万石の天領をやるといわれて、兵隊八百五十人、大砲六門を以て中山道を進行した」(『戊辰戦争から西南戦争へ』中公新書)

勝から大砲をもらって甲府へ向かった近藤勇の甲陽鎮撫隊は、慶応四年(一八六八年)三月六日に甲州勝沼で東山道軍に敗北。近藤は翌月、板橋で刑死。さらに東山道総督府は同年四月二十二日に元勘定奉行小栗上野介の追捕令《ついぶれい》を発し、上州権田村に隠棲帰農していた小栗は捕縛され斬首された。

西郷ら西軍が東北を富を収奪するため会津藩等奥羽諸藩への武力行使を行なうには、江戸城に蓄積された銃砲類を無傷で接収し、薩長兵を一兵も損ねることなく全軍無傷のまま、奥羽諸藩討伐へ向ける必要がある。そのため薩長西軍にとっても最善の選択は、江戸城を無血開城することである。

西郷・勝会談で三月十五日に予定された江戸城総攻撃が中止され、三月二十日に朝廷が慶喜助命・徳川家存続を正式決定すると、江戸城明け渡し（四月十一日）の二十一日前の三月二十一日、西郷と木戸孝允の間で会津攻めが論じられた。このとき木戸は、

「江戸城受け取りののち京都から兵を増援するからそれまで待て」

としたが、西郷は、

「木戸の見解は生ぬるい」

とし、大久保利通に対し三月二十一日付の手紙で、

「朝廷の（会津討伐の）確固たる姿勢を示して、（会津の）賊の肝を挫《くじ》くべきであり、（江戸城受け取りを待つことなく）ただいまの戦陣中に、早く軍勢を繰り出すべきである」

と速攻を訴えた。このように西郷は、勝との会談の直後から会津攻めを主張し始めるのである。

戊辰戦争勃発

奥羽情勢は慌ただしい動きとなった。

松平容保は、すでに二月四日に家督を養子喜徳《のぶのり》に譲って隠居となり、江戸藩邸を去って二月二十二日に会津若松に到着すると、城外の別邸御薬園《おやくえん》に入り恭順謹慎していた。

しかし、海路、仙台へ入った奥羽鎮撫使（総督九条道孝）の参謀世良修蔵・同大山綱良（当

時は格之助）が、西郷の「松平容保は死罪」との基本方針に基づき、三月二十三日、仙台藩主伊達慶邦に会津藩追討の先鋒を厳命。奥羽情勢はたちまち緊迫状態となる。

会津藩はやむなく、①開城、領土の削減、②三家老切腹、③松平容保の助命謹慎、により降伏することとし、閏四月二日、降伏文書として「会津藩家老連名嘆願書」を仙台・米沢両藩を通じて奥羽鎮撫使に提出。これを受領した仙台藩主伊達慶邦と米沢藩主上杉斉憲《なりのり》は、閏四月十二日、奥羽鎮撫総督九条道孝に、

「会津藩は開城・減土、三家老切腹を申し出ているので、会津藩の降伏を認めてほしい」

と懇願した。しかし参謀の世良修蔵は仙台・米沢両藩主の終戦提案を拒絶し、両藩主に、

「会津藩は天地に入るべからざる朝敵につき、早々、討入り成功を奏すべきものなり」

と、ついに会津攻撃を命じた。世良は、西郷の会津厳罰方針を忠実に実行する西郷の手足だったのである

かつて西郷は、相楽総三を江戸に送り込んで乱暴狼藉を行なわせて幕府を挑発し鳥羽伏見戦を起こさせたが、今度は奥羽へ世良修蔵を送り込んで奥羽戊辰戦争を起こさせたのである。すでに江戸城明け渡しも済んで幕府は滅亡し、「尊皇か佐幕か」の論点は消滅している。こうなれば奥羽諸藩には薩長西軍と戦う理由はなく、従って、奥羽諸藩は恭順を申し出たのだ。

しかるに西郷は、幕府が江戸城内に貯め込んだ大量の銃砲類や幕府軍艦を接収して、恭順を

申し出る東国諸藩に朝敵の汚名を着せて攻め滅ぼし、分捕った戦利品を山分けしようとしたのである。

それでも会津藩は必死に和平の道を模索し、会津藩江戸藩邸の公用方広沢富次郎は、江戸へ進駐してきた西軍大総督府の西郷隆盛に面会を求めた。広沢富次郎は頭脳明晰・人物温容の逸材で、かつて京都を舞台に藩の渉外を担当して「会津に広沢あり」と令名を響かせ、薩摩藩と会津藩が長州藩を京都から追い出した文久三年（一八六三年）の八・一八政変の際、薩摩藩との折衝にあたったことから薩摩藩に知己が多く、西郷隆盛、大久保利通とも面識があった。そこで広沢富次郎は、恭順表明・和平嘆願のため、西郷に助けを求めて大総督府に出向いたのだ。しかし西郷は広沢との面会を拒絶するどころか、有無をいわさず広沢を捕らえて獄舎につないでしまった。会津討滅を決意した西郷にとって広沢富次郎など、邪魔なだけの存在だったのである。

慶応四年（一八六八年）閏四月二十日、奥羽戊辰戦争が勃発する。

会津城攻防戦

そこで西郷は同年五月十五日に江戸の上野で彰義隊を破ると、五月二十八日に江戸を離れて京都へ入り、薩摩藩主島津忠義の出陣を止めさせ、在京の薩摩兵を、一部は陸路で白河へ、他は軍艦で常陸の平潟へ上陸させた。

西郷が白河と平潟へ送った薩摩兵の指揮官は、西郷の腹心で鳥羽伏見戦争で幕府軍を破った戦上手の伊地知正治である。わざわざ西郷や島津忠義が出陣するまでもなかったのだ。

「鶏（会津）を割《さ》くに、いずくんぞ牛刀（西郷・忠義）を用いん」

というわけである。西郷自身は藩主島津忠義に随《したが》って六月九日に京都を発ち、六月十四日に鹿児島に帰着。以来、日当山《ひなたやま》温泉で戦塵《せんじん》の疲れを癒した。


その頃、伊地知正治率いる薩長西軍が奥羽列藩同盟軍を撃破して、会津に迫っていた。

会津藩は、藩境の主要な敵の進入路に屈強な精鋭部隊を配置し、護りに万全を期した。

日光口には総督山川大蔵が率いる千三百人、長岡藩と協同作戦中の越後口には一瀬要人《かなめ》を総督として千三百人、白河から会津城下へ至る勢至堂峠には総督内藤介右衛門の千人、大平口には総督原田対馬の七百人を配置した。

ところが薩長西軍三千余人の大部隊が、八月二十一日午前九時頃、濃霧のなか、ほとんど兵力を配備していなかった母成《ぼなり》峠を衝いて、いきなり会津城下の内懐《うちぶところ》に飛び込んできた。

会津鶴ケ城の危機に際し、八月二十二日午前五時頃、城下に急触れが回され、十五歳以上六十歳までの藩士に総登城の命令が下った。

二百八十石取りの藩士柴佐多蔵の家では、佐多蔵は城中にあり、長兄太一郎は軍事奉行添役として越後口に滞陣中であり、次男謙介は日光口総督山川大蔵に率いられて大砲隊員として出陣、三男五三郎は越後口に出向いていた。白虎隊に編入されていた四男茂四郎十五歳は熱病で病臥中だったが、母ふじは茂四郎を励まし鶴ケ城へ入城させた。

八月二十三日朝、西軍の尖兵が市街に侵入すると多くの藩士家族は、

「負傷兵や婦女子や幼児が入城しても、籠城の足手纏《あしでまと》いになるだけ」

と諦観し、邸内で集団自決の道を選んだ。

柴佐多蔵の留守宅では、五男の五郎少年十歳を近郷に疎開させたあと、祖母つね八十一歳、母ふじ五十歳、長兄太一郎の妻とく二十歳、姉そい十九歳、妹さつ七歳が仏間に集まり、祖先の霊を拝したのち、今生の訣別の辞を述べ合って、一同、自害して果てた。

疎開して生き残った五郎少年は家族の自決について、こう語っている。

「男子は一人なりと生きながらえ柴家を相続せしめ藩の汚名を天下に雪《そそ》ぐべきなりとし、『戦闘に役立たぬ婦女子はいたずらに兵糧を浪費すべからず』と籠城を拒み、敵侵入とともに自害することを約しありしなり」（『ある明治人の記録』中公新書）

この柴五郎は、薩長が要職を独占する陸軍にあって、のちに大将にまで進んだ人物である。

午前十一時頃に城下へ乱入した土佐先鋒隊は駆けに駆けて会津鶴ケ城北出丸の前面に進出し、城への突入を図ったが、このとき鉄砲の名手山本八重が北出丸の狭間塀から元込式七連発スペンサー銃を連射して防戦し、西軍の城への侵入を防ぎ切った。

その後、勢至堂口の内藤介右衛門隊、大平口の原田対馬隊が相次いで帰城すると、会津鶴ケ城の防衛力は徐々に回復し、会津城攻防戦は長期籠城戦となった。

会津城陥落

日光口を防衛し薩長西軍の侵入を頑として撃退していた会津藩家老で智将の誉れ高い山川大蔵は、薩長西軍が充満して取り囲む会津鶴ケ城へ戻る際、会津地方の伝統芸能・彼岸獅子《ひがんじし》を、白昼堂々舞わせ、敵を油断させて部隊を帰城させるという離れ業《わざ》を演じた。

柴五郎

だがその後、城下を包囲した西軍は五十門に及ぶ大砲で会津鶴ケ城を砲撃。とくに城の東南にある小田山に築かれた砲兵陣地からの凄まじい砲撃で、城内では多数の死傷者を出した。この籠城戦の惨状を『会津戊辰戦史』は次のように伝えている。

「西軍数万、孤城を包囲し、一斉に攻撃し連射したる石榴弾は楼櫓殿閣《やぐらでんかく》にあたって破裂し、轟然天地を震動し、ほとんど人語を弁ぜず。天守閣破壊して登ることあたわざるに至る。病室は殆ど立錐《りっすい》の地なきに至り、手断ち、足砕けたる者、満身糜爛《びらん》したる者、雑然として呻吟《しんぎん》す。病室は弾は病室または婦人室に破裂して全身を粉砕せられ、肉塊飛散して四壁に血痕を留むる者あり。榴その悲惨悽愴《せいそう》の光景、名状すべからず。病室最も繁劇を極め、包帯に供する所の白布、欠乏するに至れり」

西軍の砲撃に苦しんだ会津藩は、鳥羽伏見戦や越後戦線で薩長軍と激闘を重ね「鬼佐川」と謳われた家老の佐川官兵衛が精鋭約千名を率いて、八月二十九日、城外へ出撃し、長命寺付近で薩長兵と戦ったが、ついに撃退されてしまう（長命寺の壁にはいまなお多くの銃弾の跡が残る）。

死傷者夥《おびただ》しい城内では弾薬・食糧ともに尽き、籠城から一カ月後の九月二十二日、会津藩は城門に白旗を掲げて降伏した。

西軍は会津藩降伏後も会津藩将士の遺骸の埋葬を許さず、戦死体は路傍に打ち棄て置かれたまま、腐乱にまかせ禽獣《きんじゅう》のついばむところとなった。屍体には蛆《うじ》がわき、空には無数の鴉《からす》が舞ったという。

西軍は城下への一切の立ち入りを禁止したが、十月末になると、武士以外の者には市中への立ち入りが許された。そこで、疎開していた会津藩士柴家の五男五郎少年十歳は農民の子に身をやつし、親類の忠女とさき女の両名に伴われ、家族の骨を拾うため自邸の焼跡に入った。このときの様子を柴五郎少年は、次のごとく詳細に語っている。

「余、焼跡に立ちて呆然たり。見まわせば見渡すかぎり郭内の邸ことごとく灰塵《かいじん》瓦礫と化して目をさえぎるものなし。仰げば白亜の鶴ケ城また砲撃、銃撃の傷痕生々しく、白壁ははげ、瓦崩れ落ちて漸《ようや》く立ちおる戦傷者に似たり。痛々しく、情けなく、戦いに負けたること胸をうちて涙も湧かず。両脚の力ぬけて瓦礫の山に両手つきて打ち伏したり。『五郎さま、お嘆きはもっともなれど、お起ちなされよ、女子のわたくしらさえ、それ、このように、しゃんと立ちておるものを……お起ちなされよ、ここはお祖母さま、母上さま、お姉さまたちのみ魂がさ迷いておらるるに、そのようなお姿を見せてはなりませぬぞ』と忠女、さき女の腕に支えられてようやく起ちあがれば、両女とも堪えかねて号泣す。鉛色の冬空すでに低く垂れて悲劇の舞台を被うがごとし。『五郎さま、さあ、ご自分のお手にて皆様のお骨をお拾いなされ』用意の箸を余の手に持たしめて遺骨の細片を拾い集め、紙袋におさむ。これ祖母、母、姉妹の変わりはてたる姿なりとは、いかにしても理解できざるも涙頬を伝いて落つ」（『ある明治人の記録』）

帰郷した西郷

この間、九月八日に明治と改元された。

会津藩が九月二十二日に降伏すると、三日後の九月二十五日には、連戦連勝していた庄内藩が降伏。前月、鶴岡に到着し、庄内藩攻撃を指導した西郷は参謀黒田清隆とともに庄内藩の城地を収めたものの、藩士に対しては寛大な処置を取った。

西郷が庄内藩には寛大な、会津藩には過酷な処分を下したのは、奥羽列藩同盟の二大強藩である庄内藩と会津藩の戦後処理を寛典と厳罰に分けて、再び両藩が手を携えることなく、相対立するよう仕向けた作戦だった。この作戦は大成功を収め、のちに西郷が西南戦争を起こしたとき、旧庄内藩士は西郷に同調し、旧会津藩士は西郷への復讐を誓ったのである。それゆえ庄内と会津は、百五十年を経た今日でもなお、よそよそしい関係にある。

庄内を発った西郷は、江戸、京都、大坂を経由して明治元年（一八六八年）十一月初旬に鹿児島へ戻って再び日当山温泉で湯治《とうじ》し、明治新政府の招きを断り、頭を丸めて引き籠った。

しかし、ほっとしたのも束の間、このあと鹿児島は大混乱に陥る。

そもそも薩摩藩では、戊辰戦争の出兵について、上級武士層は消極的であり、下級武士層が手柄を立てるべく大いに発奮して志願兵となって大挙し出征した。薩摩藩では討幕の密勅が下ると、慶応三年（一八六七年）十一月十三日、西郷隆盛が薩摩藩兵三千人を率い、四隻の汽船に分乗して京都を目指し、幕府を討つべく鹿児島を出発した。このとき薩摩藩家老小松帯刀《たてわき》三十三歳は討幕に消極的で、

「吉之助（隆盛）は、ないごて、あげん、沸《た》ぎちょるんか？」

といって見送った。西郷三十八歳の狂躁《きょうそう》はもはや、小松帯刀の手に負えなかったのである。

明治元年（一八六八年）末頃になると、奥羽各地へ転戦していた薩摩兵が凱旋し帰郷してきた。戊辰戦争に出征した薩摩兵は六千余人、うち一割が戦死した。帰郷した彼らは、討幕に消極的だった島津家一門と上級藩士らを侮蔑、罵倒し、事あるごとにいがみ合い、門閥打破・人材登用を要求して、藩内は喧々囂々《けんけんごうごう》たる有り様となった。なかには、

「藩主など無用。われらは直接、王臣（天皇の家臣）になる」

と息巻く者もおり、島津久光や藩主島津忠義の手に余る事態となったのである。

島津久治（中央）

彼らは西郷派の川村純義《すみよし》と野津鎮雄《しずお》をリーダーとして担ぎ、忠義の実弟で出陣しながら会津攻撃に参加しなかった家老島津久治（のちピストル自殺）をはじめ門閥上級武士らを退陣させ、藩政を牛耳《ぎゅうじ》って「改革」なるものを始めた。

西郷、藩政の先頭に立つ

久光と忠義は藩政混乱に困惑した。そこで忠義が、鼻息荒い川村純義や野津鎮雄らを抑えるべく、明治二年（一八六九年）二月二十三日、日当山温泉へ自ら出向いて西郷に、

「ぜひとも無力な忠義を助けて、藩政を見てくれ」

と直々に出馬を求めたのである。忠義は、

「門閥打破は至当であり、いずれ朝命に応じて処置すべきであるが、薩摩藩の門閥はいずれも先祖の功労により数十代にわたって連続してきたものだから、いますぐ門閥を廃止すると、藩内が混乱する。ついては西郷が藩政の先頭に立って、至当の措置を講じてほしい」

と懇願した。藩主直々の要請におそれいった西郷は重い腰を上げて鹿児島へ戻り、二月二十五日、薩摩藩参政となった。以来、西郷は明治四年（一八七一年）一月に上京するまでの二年間、下級武士の登用や常備隊整備など藩政改革を行ない、下級武士層の不満解消に努めたのである。

明治二年（一八六九年）五月十八日、箱館五稜郭で幕府軍が降伏すると、六月二日、西郷は臣下として最高の賞典禄二千石を下賜された。木戸孝允・大久保利通・広沢真臣《さねおみ》が千八百石、

大村益次郎は千五百石、吉井友実・伊地知正治・板垣退助・小松帯刀・後藤象二郎・岩倉具視らが千石だった。西郷はこの賞典禄で七月に鹿児島の武村に屋敷（現在の西郷公園）を購入し、借金を返済した。

幕府軍が降伏して一カ月後の明治二年六月十七日には版籍奉還が行なわれた。これは、「版籍奉還は藩主の領土権を侵すものではない。大名の領地は将軍からもらったものだが、政権が幕府から朝廷へ移ったので、各藩主は領地をいったん朝廷へ返納し、改めて朝廷から本領安堵を受けるべし。版籍奉還を申し出ない藩主は逆臣として討伐し領地を召し上げる」と説明された。版籍奉還により、各藩主は知藩事となり、知藩事の家禄は藩の石高の十分の一とされ、知藩事の家計と藩財政が明確に区分された。薩摩藩は鹿児島藩となり、薩摩藩主島津忠義が鹿児島知藩事になった。

参政西郷隆盛は、藩政と島津家の家政を分離し、藩政は知政所が取り仕切り、島津家の家政は内務局が取り扱うこととし、知政所の執政心得には親友の桂久武を据え、内務局参政には腹心の伊地知正治らを置き、西郷は両者の上に立った。

これまで薩摩藩は戦国時代からの名残で、「内城《うつじょう》」と呼ばれた鹿児島城の島津家本家のほか、「外城《とじょう》」または「郷」と呼ばれ島津家本家に臣従する島津家一門や国衆ら三万石から二千石までの私領が百二十余もあった。薩摩藩の武士は、島津家本家に仕える城下士と、島津家一門や国衆らに仕える外城士（郷士）に大別され、島津家本家から見て陪臣となる外城士は城下士から「郷の者」と呼ばれて侮辱・差別される屈辱的な扱いを受け、維新後も城下士とは不仲だった。そこで鹿児島藩知政所は、

一、領地をすべて藩庁へ召し上げ、島津一門・門閥・上級武士の禄の合計を八分の一に大削減し、二百石以上の藩士の禄も二百石までとし、この財源で下級藩士の禄高を増やして外城士（郷士）は五十石を定限とし、禄高の平準化を図った。

二、家格を全廃して、城下士と外城士（郷士）を一律に鹿児島藩士族とした。

こうした下級藩士の待遇改善により、士族限定の民主化（？）が果たされたのである。

西郷は、明治三年（一八七〇年）一月、城下士を常備隊一万二千余人に、外城士（郷士）を諸郷常備隊四千四百人に編成。従来からの郷村の諸役を全廃し、郷村役場を軍務方と改称し、郷を再編成。鹿児島藩知政所が鹿児島士族のなかから選んだ地頭が数郷の民政および諸郷常備隊を統率した。こうして鹿児島藩は兵員一万六千余人の精強な軍事藩となり、下級武士団を中核とする西郷王国となったのである。

斗南へ挙藩流罪された会津藩

この間、奥羽では、会津藩が苛酷な戦後処理を受けた。

会津松平家（二十三万石）は、明治二年（一八六九年）十一月三日、下北半島に斗南《となみ》藩三万石として再興を許されたが、ここは火山灰地質の厳寒不毛の地で実収高は七千石しかなく、斗南へ移住した会津士族はたちまち飢餓地獄に陥った。彼らはわずかな粥《かゆ》をすすり、霙《みぞれ》に打たれても着替えさえなく、会津を遥かに拝しながら、多くが万斛《ばんこく》の涙を呑み、死んでいったという。

このときの窮状を柴五郎少年は、

「冬は山野の蕨の根をあつめて砕き、水にさらしていくたびもすすぐうち、水の底に澱粉《でんぷん》沈むなり。これに米糠《こめぬか》をまぜ塩を加え団子となし、串にさし火に焙《あぶ》りて食う。不味《ふみ》なり。この冬、餓死、凍死を免るるが精一杯なり。寒さひとしお骨を噛む」（『ある明治人の記録』）

と述べ、さらに、猟夫に撃ち殺された犬の肉を食ったときのことを、

「これ副食物ならず。主食不足の補いなれば、無理して喰らえども、ついに咽喉《のど》につかえて通らず。口中に含みたるまま吐気を催すまでになれり。この様を見て父上余を叱る。『武士の子たることを忘れしか。戦場にありて兵糧なければ、犬猫なりともこれを喰らいて戦うものぞ。ことに今回は賊軍に追われて辺地にきたれるなり。会津の武士ども餓死して果てたるよと、薩

長の下郎どもに笑わるるは、のちの世までの恥辱《ちじょく》なり。ここは戦場なるぞ。会津の国辱雪ぐまでは戦場なるぞ』と、つねと変わりて語気荒く叱る」（前掲書）

と記した。

寒風と飢餓地獄のなかで柴少年は、こう決意する。

「父上、兄、余は朝より夜まで、垂れたる蓆《むしろ》をあおりて無情に吹き入る寒風に身をふるわせつつ縄をなえり。この様はまこと流罪にほかならず。挙藩流罪という史上かつてなき極刑にあらざるか。かかる運命ならば、祖母さま、母上さま、姉妹の自害も当然なりしことよと気づき、母上さまとともに他界せばよかりしものをと、甲斐なきことを思いつつ炉の火を見つめてあれば、若松城下を波打ちて狂う紅蓮《ぐれん》の炎、眼底に揺らめき、白装束の母上さまの自害の遺骸そのなかに伏してあり。熱涙頬を伝いて流る。あすの死を待ちて今日を生きるは、かえって楽ならん、死は生の最後の段階なるぞと教えられしことたびたびあり、まことにそのとおりなり。いまは救いの死をさえ得る能《あた》わず、『生き抜け、生きて残れ、会津の国辱雪ぐまでは生きてあれよ』と、父に厳しく叱責され、『死ぬな、死んではならんぞ、堪え抜け、薩長の下郎どもに、一矢を報いるまでは』と、自ら叱咤す」（前掲書）

すなわち、薩長への復讐を生きる唯一のよるべとしたのである。

無我の境地を詠む

明治二年（一八六九年）五月十八日に箱館五稜郭で幕府軍が降伏すると、西郷の精気は風船がしぼむようにみるみる失われていく。西郷の心境を推し量れば、

「もはや自分は任務を果たした。大仕事を終えたので、あとは退いてゆっくり暮らしたい」

ということだったろう。西郷は、箱館五稜郭陥落後の七月八日、親友の薩摩藩執政心得桂久武へ手紙で、

「自分は島津斉彬公に取り立てられ奔走したが、久光によって奄美大島へ流され、奄美大島から帰藩を許されたものの七カ月後には再び賊臣として徳之島へ二度目の島流しに遭った。斉彬公に取り立てられ奔走した自分が、二度も屈辱に塗《まみ》れたのでは、泉下の斉彬公に面目ないと思っていた。自分は賊臣とされた屈辱を乗り越えて、このたび武力討幕という大仕事を成し遂げ、賊名をそそいだので、この後は平穏に過ごしたい」

と、心中を吐露した。これを裏付けるかのように西郷はこの頃、次のような漢詩を詠んでいる。

柴門曲臂絶逢迎（粗末な家でひじ枕をして暮らし、人との往来もなく静かに暮らしたい）
夢幻利名何足争（名利は夢か幻のようなもので、争う価値はない）

貧極良妻未言醜（貧乏が極まっても、わが良妻は不満をいわない）
時来牲犢応遭烹（出世したつもりでも、時が変転すればいけにえの牛のように煮られる）
願遁山野畏天意（自分は山野に逃れて、天意をかしこみながら暮らしたいものだ）
飽易栄枯知世情（自分は罪科と栄誉を得て、世間の裏表という非情を知った）
世念已消諸念息（もはや出世や栄華を求める気持ちは消えて、いま無我の境地にある）
烟霞泉石満襟清（春霞や山川草木を眺めていると、すがすがしい気持ちに満たされる）

まさにこれが、西郷の偽らざる心境であったろう。

征韓論に反対した薩摩藩士横山安武の諫死

「明治、明治と上から言うが、下から見れば治《おさ》まる明《めい》」

と揶揄されたように、明治新政権はなかなか安定しなかった。

そんななか、新政府の政策を非難して自刃した男がいた。男の名は横山安武。のちの初代文部大臣森有礼《ありのり》の兄で、西郷の愛弟子である。

文武両道の誉れ高い横山安武は藩校造士館を首席で卒業すると島津久光の側近に抜擢され、

久光の五男悦之助の補導役となり、悦之助の佐賀藩校弘道館、長州藩校明倫館への藩外短期留学に随行して山口へ赴いた。しかしこのとき山口で、明治維新後に奇兵隊等諸隊が反乱を起こした「脱隊騒動」（明治二年十一月〜明治三年二月）に遭遇。事態を重視した横山は久光に報告すべく、無断で鹿児島へ単身帰藩した。しかるに久光から、

「それほどの騒ぎならなぜ悦之助の身辺にいて悦之助の身の安全を守らなかったのかッ」

と詰問され、激怒した久光に罷免《ひめん》された。

失意の横山安武は京都へ出て同郷の折田要蔵のもとで陽明学を学んでいたが、その後、東京へ出て、明治三年（一八七〇年）七月二十七日、「時弊《じへい》十カ条」なる諫言書《かんげんしょ》を集議院門前に「竹の笹付け（竹の先端に書状を挟んで天皇に直訴する様式）」にして掲げ、新政府の腐敗を厳しく糾弾し、割腹して果てたのである。横山二十八歳の諫言書は、

「方今《ほうこん》、一新の期、新たに徳政を敷くべきに、あにはからんや……」

と前置きして、

一、輔相《ほしょう》の大臣よりして侈靡驕奢《しびきょうしゃ》、下の飢餓を察せざる（上は贅沢し下々は飢えている）。

二、大小の官員ども、外には虚飾を張り、内には名利を事とする。

三、朝令夕替、万民狐疑《こぎ》を抱き方向に迷う（朝令暮改のため民はみな迷っている）。

四、直を尊ばずして能者を尊び、廉恥《れんち》、上に立たざる。
五、酒食の交を重んじ、義理上の交際を軽んず。
六、黜陟《ちゆつちよく》の大典いまだ立たず、賞罰は愛憎を以てす（法律がないので不公平）。
七、上下こもごも利を征《と》りて国危うし（個人の利益を優先したのでは、国が滅びる）。

などと政府を糾弾し、詳細説明のため添付した別紙において、

「朝鮮征伐の儀、草莽《そうもう》の間、盛んに主張する由。しかれども兵を起こすに名あり義あり。ことに海外に対し名義を失するに至っては、大勝利を得るとも天下万世の誹謗を免るべからず。我国の情実を察するに諸民は飢渇困窮に迫り、万民汲々として密かに土崩《どほう》の兆あり。今日の急務は綱紀を建て、政令を一にし、信を天下に示し、万民を安堵せしむるにあり。あに朝鮮の罪を問う暇《いとま》あらんや」

と、征韓反対を訴えたのであった。

このとき征韓論の急先鋒は長州藩の木戸孝允だった。木戸は、榎本武揚が箱館五稜郭に立て籠る前日の明治元年（一八六八年）十二月十四日、人々の目を対外挙国一致へ吸収し、外征を機として中央直轄の大軍を作り、中央政府の権力を確立する目的で早くも征韓論を唱え、日記に、

「使節を朝鮮に遣《まだ》し、彼の無礼を問い、罪を鳴らして攻撃。神州の威を伸張せんことを願う。

しかるとき天下の陋習《ろうしゅう》一変し、遠く海外へ目的を定め百芸・機械等、実事に相進み……」と書いた。まさに征韓論はここに始まるのだ。これを踏まえて木戸は、明治二年（一八六九年）一月一日の日記に、

「征韓の一条を大村益次郎に相計る」

と、大村の同意を得たことを記録した。やがて、五月十八日に箱館五稜郭の榎本武揚が降伏して戊辰戦争が終結すると、征韓論の是非が重大な政治課題となった。長州の大村が総大将となって朝鮮を攻めるなら、大村は参戦する薩摩兵の指揮権を握る必要がある。

一方、薩摩士族の意向を代弁する横山安武の主張は、

「（木戸孝允の征韓論は）維新の不満・混乱を外征により沈静化しようとする議論だが、征韓の軍を起こすには大義名分が必要であり、慎重でなければならない。いまは内治安定を図るべきであり、綱紀を粛正し、法令を定めて公平の措置を取り、政治の信頼を取り戻して国民を安心させるべきである。いまのわが国に征韓の軍を起こす余裕などない」

とする征韓反対、すなわち内治優先主義であった。

一見奇矯《ききょう》とも見える横山の諫死《かんし》は、この頃、木戸が唱えていた征韓論への抵抗だったのだ。そればかりか横山の征韓反対論は、西郷並びに薩摩士族の共通認識だったのである。

第二の明治維新

薩長土肥が倒幕を果たしたとはいうものの、鳥羽伏見戦・奥羽戊辰戦争・上野彰義隊戦争の最前線で血を流して戦ったのは薩摩兵であり、長州兵は脇役を演じたに過ぎなかった。ところが明治新政府が樹立されると、長州人が廟堂《びょうどう》に鎮座して虚飾を張り贅沢三昧、仲間内で利権を弄し、私利私欲をむき出しにしているではないか。しかも、旧幕臣や下々の者がよってたかって薩摩の陰口をきいている。

これでは血を流して倒幕を成し遂げた薩摩兵は浮かばれない。

西郷ら薩摩士族が、大村益次郎ら長州人に疑念を持ったのは上野彰義隊戦争のときである。西郷ら薩摩士族は彰義隊討伐に消極的だった。彰義隊は上野寛永寺で謹慎する徳川慶喜を警護するとの大義名分で屯集《とんしゅう》されたが、慶喜が慶応四年（一八六八年）四月十一日に江戸を出て水戸へ向かったのちは、もはや大義名分がない。放っておけば、やがて雲散霧消する烏合《うごう》の衆である。そこをあえて攻めれば、窮鼠猫《きゅうそ》を噛む、放っておくのが上策である。

しかるに、あとから本営に現われた大村が彰義隊討伐を唱え出し、薩摩士族の上位に立って作戦を差配し、西郷に、最も激戦が予想される正面の黒門口への出動を命じた。西郷が、

「我々を皆殺しになさるおつもりか？」

と抗議すると、大村は涼しい顔で、

「そのとおり」

と答えた。

長州兵は、団子坂口という裏口で、お茶を濁しただけだった。

「そりゃ、ずるいじゃないか」

ということである。予想どおり黒門口は、両軍白刃による斬り合いの激戦となり、西郷の腹心益満休之助ら多くの薩摩兵が戦死した。

戊辰戦争が終結すると、明治二年（一八六九年）七月、大村は兵部大輔《ひょうぶたゆう》となって日本陸軍の頂点に立ち、

「将来、政府に反抗するのは薩摩である」

と薩摩軍を敵視し、将来の内戦に備えて大坂に軍事拠点を構築した。それを見た薩摩側は、

「大村は一体どういうつもりなのか！　薩摩士族を滅ぼして、長州が天下を取るつもりなのか！」

という疑念と不満を抱いた。だがこの大村は、同年九月に暗殺された。

しかし、いままた薩摩兵が、長州の木戸が唱える征韓論に乗って血を流し多くの犠牲を払って朝鮮を攻め取り、長州人が朝鮮に君臨して私腹を肥やし、血を流した薩摩兵が弊履《へいり》のごとく

捨てられるのでは、浮かばれない。

西郷は横山の諫死にいたく同情・共感し、碑文を作って弔い、「精神、日を貫いて華夷《はな》に見《あら》われ、気節、霜を凌《しの》いで天地知る」と自ら書いて、横山の行動を称えた。

箱館五稜郭が陥落し戊辰戦争が終わった頃から政治への関心を失った西郷だが、横山諫死によって、新政府への不満を募らせるようになった。横山の諫死に突き動かされた西郷の心境は、「もう一度、明治維新を行なう。第二の明治維新が必要なのだ」

ということだったろう。第二の明治維新とはすなわち「内治優先」「征韓反対」である。

南洲翁遺訓

こうした西郷の憂憤を、最もわかりやすく伝えるのが『南洲翁遺訓《なんしゆうおう》』である。

明治三年（一八七〇年）頃から全国の不平士族らが鹿児島を訪れるようになると、清貧に甘んじる西郷は自ら質素倹約の模範を示し、木綿の筒袖の襦袢《じゆばん》に袴をつけただけの姿で応対した。

そんななか、明治三年八月、戊辰戦争終結後の西郷の寛大な処置に感激し鹿児島を訪れた庄内藩士の犬塚盛巍《もりたか》に西郷は、

「当今、朝廷の御役人は何を致しおり候と思い候や、多分は月給を貪《むさぼ》り、大名屋敷に居住致し、

何一つ職事あがり申さず。悪しく申さば泥棒なり」（『犬塚報告書』）

と、新政府への敵意をむき出しにし、さらに、

「朝廷今日のところ、たとえて申さば鉄車の錆び付きたるも同然の勢いなり。そこへ油を引き候とも、車の回るべき便ござなく候。よって、まず金槌《かなづち》にていったん響きをつけ、その上に車の回るべき仕方を致し申さずば、相成らざるものと存ぜられ候。追って、その機会の出候節は、決して傍観つかまつらず候」

と語った。この発言は、西郷の日頃の厳しい政府批判と相まって、

「西郷は第二の明治維新が必要と考え、鹿児島藩を無比の大軍事藩に仕上げようとしている」

と受け取られ、またたく間に庄内藩のみならず、全国諸藩の不平士族に伝えられた。

酒井忠篤

また旧庄内藩主酒井忠篤《ただあつ》が、同年十一月七日、藩士七十余名を従えて鹿児島に入り、四カ月にわたり薩摩兵から軍事教練を受けた。その後も多くの庄内藩士が鹿児島を訪れ、西郷が自ら語った言葉が庄内藩士によって『南洲翁遺訓』として編纂されたのである。その主なものを列挙すると、

一、国民の上に立つ者が品行方正で贅沢を戒め、率先して働

き国民の模範となるようでなければ、まともな政治は行なわれない。それなのに明治創業に当たって、豪奢な家に住み、華美な服装で飾り、妾を囲い、蓄財に励むようでは、明治維新の功業は遂げられない。いまになっては、戊辰戦争とは単なる私戦に過ぎなかったという結果になり、天下と戦死者に対して面目無いことだ。

二、各国の制度を模範として文明開化を進めるなら、まずわが国の精神的主柱をしっかりと立てて、その後、ゆっくり先進諸国の長所を吸収すべきである。むやみやたらと先進諸国を真似するなら、日本の国柄は衰微し、日本人の精神は蝕《むしば》まれて救いようのない状態になり、日本は先進諸国のミニチュアになるだけである。

三、文明とは道義、道徳に基づいて事が行なわれることを称える言葉であって、宮殿が立派だったり、衣装が綺麗だったり、見かけが華やかであることを言うのではない。世の人の言うことを聞いていると、何が文明なのか、何が野蛮なのか、少しも分からない。かつて自分はある人と議論したことがある。自分が「西洋は野蛮だ」と言ったところ、その人は「西洋は文明だ」と言い争う。「いやいや野蛮だ」と言ったら、その人は「なぜ野蛮と言うのか」と言うので、「もし西洋が本当に文明であるなら、遅れた国に慈愛の心を以て文明開化へ導くべきなのに、そうではなく遅れた国々に残忍なことをして自分の利益のみを図るので野蛮だ」と言ったら、その人は返答できなかった。

四、会計出納《すいとう》はすべての事業のもとであり国家経営の根幹なので、慎んで行なわねばならない。その根本は入るを量って出るを制する以外にはない。財政担当者は、税収を越える支出をしてはならない。時勢の赴くところ予算を拡大して増税を図るなら、納税者に過重な負担をかけることになる。こうなれば拡大した予算によって国家事業が発展したように見えても、結局は国力が疲弊し、国は滅んでしまう。

五、道は天地自然の物にして、人は之を行なうものなれば、天を敬するを目的とす。天は人も我も同一に愛し給うゆえ、我を愛する心を以て人を愛する也（敬天愛人）。

西郷は、青年時代から政策や制度の構想力に弱く、自分が目指す政治理念を自らの文章によって表明していない。これが西郷の最大の弱点であり、歴史家泣かせのところでもある。従って歴史家の立場から西郷が目指した政治理念を探るには、『南洲翁遺訓』を読み解き、西郷の実際の行動と照らし合わせて、推定するしかない。そこから西郷の心情を汲み取るなら、「西郷は、為政者の精神・姿勢が何より重要という『聖賢政治』のような理想を持っており、西郷が目指した政治理念は『士族による清廉潔白な武士道政治』だった」のではあるまいか。

これは後藤象二郎、板垣退助らが求めた国会開設・議会主義の「共和政治」とは異なる。

また大久保利通が目指した「有司専制」(藩閥による独裁)というべき天皇制ファシズムとも大きく異なる。

その意味では、当時の日本の政局はまさにこの、

・「士族による清廉潔白な武士道政治」を理想とする西郷ら、
・国会開設による「共和政治」を求める後藤象二郎・板垣退助・江藤新平ら、
・「有司専制」を目指す大久保利通ら、

が一歩も譲らない三つ巴の関係にあったといえる。

西郷の入閣

鹿児島へ引き籠った西郷が、明治三年(一八七〇年)七月の横山安武の諫死に心を揺さぶられ、翌月、庄内藩士犬塚盛巍に、

「金槌にていったん響きをつけ、その上に車の回るべき仕方を致し申さずば、相成らざると存じられ候。その機会の出候節は、決して傍観つかまつらず候」

と語り、その談話が諸藩の士族に伝えられると、西郷の厳しい政府批判と相まって、

「西郷は第二の明治維新を断行するのではないか」

と噂されるようになる。そこで岩倉、大久保、木戸、山県らは、

一、西郷を中央政府に引き込まなければ危険極まりない。
二、西郷率いる鹿児島士族を中央政府に召し上げる必要がある。

と考えた。これが「廃藩置県」に隠された彼らの本音である。

明治三年十二月十八日、勅使岩倉具視は副使大久保利通、同木戸孝允、兵部少輔《しょうゆう》山県有朋を従えて鹿児島へ赴いた。岩倉は鹿児島藩の政務にあたっていた西郷に、

「明治維新を完成するには、もう一度戦争をする覚悟で廃藩置県を行なわなければならない」

と出仕を促した。西郷を中央へ引っ張り出して、薩摩・長州・土佐の武力で廃藩置県を断行しようとしたのである。

このとき山県が、

「薩摩・長州・土佐の三藩から兵力を献じて天皇の御親兵とし、中央政府を強化すべき」

と提案すると、西郷は承諾した。これは鹿児島に蟠踞《ばんきょ》する西郷を、御親兵統率を口実に政府

内へ引き入れて中央政府の強化を図ると同時に、わが国最強の薩摩兵団を中央政府が召し上げる、という構図である。さらに山県が、

「三藩より献兵して御親兵と為すとき、最早、御親兵はいずれの藩臣にもあらざるにより、薩州より出でし兵といえども、一朝ことあるときには、薩摩守（島津久光）に弓を引く決心あるを要す」

とたたみかけると、西郷は、

「もとより、しかり」

と頷いた。

ここには薩摩藩が差し出す御親兵すなわち西郷の私兵である薩摩兵団を、中央政府が取り上げて、大久保や山県が思いどおりに使おうという思惑が隠されている。すなわち西郷は山県のこの計略に引っかかり、西郷が育てた薩摩兵団を大久保と山県に盗《と》られたのである。これがのちの西南戦争敗北につながる。

西郷が統率する薩摩・長州・土佐三藩の御親兵八千人の武力を背景に、明治四年（一八七一年）七月十四日、廃藩置県が断行された。御親兵八千人が睨みを利かせているので各藩主は身動きが取れず、ほとんどの藩主はやむなく廃藩置県を受け入れたが、薩摩の島津久光は憤怒《ふんぬ》と憎悪をあらわにした。久光は、版籍奉還にも不満だったが、廃藩置県に至ってはほとんど逆上

し、鹿児島城二の丸で花火を打ち上げ、気を紛らわそうとした。それでも西郷、大久保への怒りの持って行き場がない久光は、

「廃藩置県で薩摩藩が鹿児島県になるなら、自分が鹿児島県知事になる」

と息巻いて側近を困らせた。

維新後のことだが、久光は松平春嶽に、

「自分は大政奉還・王政復古のとき、慶喜をリーダーとする薩摩・長州藩主など五人の大老で国政にあたるつもりで、このことを西郷・大久保にいいつけていたが、結局、西郷・大久保に騙《だま》された」

と語ったという。久光の本心がそこにあったのなら、久光は幕府と組んでそうすることはいくらでもできたはずだ。慶喜が聞いたなら、

「それならそうと最初からいってくれればよかったのに……」

とさぞ嘆くことだろう。

かつて五大老といえば、豊臣秀吉によって、

「徳川家康、前田利家、宇喜多秀家、上杉景勝、毛利輝元」

が任じられた。このとき、島津家は大藩ながら埒外《らちがい》だった。そのことが不満で久光が五大老になりたいというなら、天皇が任じる、

「徳川慶喜・島津久光・毛利敬親《たかちか》・山内容堂・伊達宗城《むねなり》の五大老」

という構想だってあり得た。しかし、いまとなっては遅過ぎる。結局久光は、意味不明の率兵東上などの行動を繰り返し、目の前のチャンスをつかみ損ね、地方領主という地位も失い、軍事力も横取りされてしまったのである。

破裂した久光の爆弾

明治天皇は、廃藩置県に不満を持つ西南雄藩の藩主らを慰撫《いぶ》する目的で、明治五年（一八七二年）五月二十三日、関西・中国・九州の巡幸に出発した。これは、とくに島津久光をなだめるためであり、参議西郷隆盛が首席随員となり、陸軍少輔西郷従道《じゅうどう》（薩摩）、海軍少輔川村純義（薩摩）ら七十余人が随行した。西郷にとって久光のいる鹿児島へ行くことは気が重かったのであろう、現にこの道中、珍しく二度、かんしゃくを起こしている。

一度目は六月十五日に長崎にて、長崎県民某が、

「天皇の洋服をやめるべき」

との建白書を出したとき、西郷はその者を呼びつけ、

「汝、いまだ世界の大勢を知らざるかッ！」

と怒鳴りつけた。

二度目は六月二十日、天皇が熊本から鹿児島へ向かう軍艦に乗る予定時刻の午後四時、あいにくの干潮で船を出せず、潮が満ちる午後十一時まで七時間待たされた。このとき西郷は、軍艦の運航責任者である海軍少輔川村純義が潮の干満を測り損なったことを怒り、怒鳴りつけて、そばにあった西瓜《すいか》を庭に投げつけ、西瓜はこなごなに砕け散った。一部始終を二階からご覧になっていた明治天皇は、この逸話をのちのちまで語り草にした、と宮内省『明治天皇記』は伝えている。

島津久光は、花火を打ち上げてかんしゃく玉を破裂させる。西郷隆盛は、かんしゃくを起こして西瓜を投げつけ、その赤い果肉が血みどろの肉塊のように飛び散る。いやはや鹿児島は大変だ。

天皇は鹿児島に六月二十二日から七月一日まで滞在した。久光は六月二十八日に狩衣《かりぎぬ》・烏帽子《えぼし》姿で伺候し、盛んに西郷と大久保の悪口《あっこう》を吐き、かねてからの鬱憤をぶちまけた。

結局西郷は、鹿児島にいる間、一度も久光を訪れぬまま帰京した。

すると東京へ戻った西郷のもとに、

「久光様があなたの非礼にひどく立腹し、鹿児島に大騒動である」

との知らせが届き、やむなく西郷は十一月に鹿児島へ帰り、すぐさま登城し、久光に平伏した。

その途端、西郷の頭上で久光の爆弾が破裂した。久光は、

「お前は余の引き立てにより多少の働きができたことを忘れ、高位高官（西郷は正三位、久光は従三位）に上り、わずかな功績を誇り、戊辰戦争後に凱旋帰郷した下級藩士の暴行を黙認し、藩内の上下の階級秩序を乱した上に、西洋に心酔してわが国の美風良俗を破壊した」

と糾弾した。久光の怒りは解けず、西郷は翌年四月まで東京に戻れなかった。

井上馨と尾去沢銅山事件

西郷は、せっかく倒幕という目的を果たしたのに、

「倒幕・廃藩置県の明治維新はまったく無意味だった」

と主君に決めつけられ、厳しく叱責されたことに切ない憂憤を覚えた。すでに西郷は、明治三年（一八七〇年）七月の薩摩藩士横山安武の自刃で、

「明治維新は大失敗だった」

との訴えを突きつけられている。

そこに追い打ちをかけるかのように、西郷をますます苛立たせる不祥事が発生する。

尾去沢《おさりざわ》銅山事件と山城屋事件である。

江戸末期、財政危機に陥った盛岡藩は、藩の御用商人村井茂兵衛《もへえ》から多額の借財を重ねていた。維新後、藩は、別子《べっし》銅山と並ぶ有力銅山だった尾去沢銅山の採掘権を村井に譲渡する。村井は尾去沢銅山にすでに十二万五千円（現在の約二十五億円）を投資していたのだ。

ところが廃藩置県後、大蔵省が旧藩から継承した諸藩の債権債務の整理を行なった際、大蔵大輔井上馨《かおる》（長州）は、村井茂兵衛の盛岡藩に対する貸付証文を故意に逆に読んで、

「村井茂兵衛は盛岡藩から多額（五万五千円）の借財をしていた」

と決めつけ、村井に即時返済という無理難題をふっかけたのである。

そもそも明治新政府成立後の名分なき奥羽戊辰戦争の目的は、前述のとおり、薩長西軍による東北の富の「分捕り」であり、これを目撃した監察戸田主水は総督九条道孝への諌書に、

「大山（綱良）参謀は江戸の商某の商船および貨物をも『敵地の物なり』として掠奪し、号して『分捕り』と云う。（中略）世人は視て鎮撫使のなす所となし、これを疾みて『官賊』と称するに至る。（中略）薩長の兵士、本営門外に乱暴、じつに驚くべきものあり。あるいは市井《しせい》に商売を威嚇し、あるいは山野に婦女を強姦し……」

と薩長兵の「分捕り」について上申している。

会津藩では、薩長兵の分捕りにより、商家は商品を奪われて商売の道を閉ざされ、農家は農機具の分捕りに遭い農事の継続が困難になった。そして薩長兵は、凱旋帰郷の途上、道々で分

捕り品を換金し、そのため盛大なる市が立った、といわれている。

このように奥羽諸藩は、いずれも多かれ少なかれ薩長西軍の分捕り被害に遭っている。

即時返済を求められた村井茂兵衛は、

「分捕りに遭ったのは自分だけではない。泣く子と地頭には勝てぬ」

と諦観して大蔵大輔井上馨の強権に屈服し、尾去沢銅山の所有権の放棄を条件に、せめてもの措置として五年賦返済を井上に願い出た。

しかし井上は村井の年賦返済の嘆願を拒絶し、大蔵省が尾去沢銅山を差し押さえて没収、村井は破産した。

すると井上は、明治五年（一八七二年）五月三十日、銅山を管轄する長州人の工部少輔山尾庸三を抱き込み、尾去沢銅山を、長州出身で井上家の出入り業者である岡田平蔵に三万六千円で、しかも無利息・十五年賦という破格の条件で払い下げさせた。その上で井上は大蔵大輔退任直後の明治六年八月、大胆不敵にも現地入りして銅山の入口に「従四位井上馨所有地」との標柱を堂々と掲げたのだ。

当初から井上は、尾去沢銅山を岡田と共同経営する予定だったのである。これは大蔵大輔の職権を濫用した悪質な権力犯罪だった。こうした資金洗浄（マネー・ロンダリング）は、井上が最も得意とする裏技である。これについては、井上の頌徳《しょうとく》的伝記である『世外井上公伝』で

さえ、

「将来は、身を実業界に委ねる覚悟で種々画策する所があった。その際、岡田から尾去沢銅山の視察を依頼され、将来は岡田と共同経営する約を結んでいたもののようであった」

と罪を認めている。

井上の企みを知った村井は司法省に一件を訴えた。そこで司法卿江藤新平（佐賀）が司法大丞《たいじょう》兼大検事島本仲道に調べさせると、

「払い下げを為すは公明正大なるべきに、公売の手続きを為すところなく、山口県人岡田某に払い下げたるが、岡田某は大蔵大輔井上馨の親近者にて、村井より申し出たる五年賦を排し、岡田某に二十年賦（正しくは十五年賦）を許したるは、まったく私交私情より出たるものにして、両者の間に醜関係の存在せるの疑い」

があることが分かった。

そこで司法省は「井上に嫌疑あり」として、太政官に井上の拘引を求めた。ところが木戸孝允ら長州閥が猛烈に抵抗し、事件をうやむやにしてしまったのだ。これが尾去沢銅山事件である。

山県有朋と山城屋事件

さらに山城屋事件が発生する。

これは、明治五年（一八七二年）十一月二十九日、陸軍省の御用商人山城屋和助が、陸軍省から無担保で借り受けた公金を返済できず、陸軍省内で割腹自殺した事件である。

山城屋和助こと野村三千三《みちぞう》は、陸軍大輔兼近衛都督山県有朋の若い頃からの友人で、幕末期に長州藩奇兵隊の幹部として活躍した。維新後は商人に転じて山城屋を名乗り、山県の縁故で陸軍省御用商人となり、軍需品の納入で巨利を博し、豪商にのし上がった。その頃から山県および長州系軍人は山城屋と癒着し多額の賄賂《わいろ》を貪っている、との噂が絶えなかった。

豪商となった山城屋は生糸相場に手を出し、投機資金として、陸軍省から抵当なしで外貨十五万ドルを借用した。これは陸軍省が資金運用の名目で山城屋に公金を貸し付けたものだが、明らかに公私混同である。しかも生糸相場が暴落して大穴をあけたため、山城屋は起死回生を図ってさらに陸軍省の公金を借り受け、借金総額は約六十五万円となった。これは当時の陸軍省予算の実に約一割に相当する途方もなく巨額なものだった。

だが生糸相場の下落はいかんともし難く、相場での挽回を諦めた山城屋は陸軍省から借り受けた公金を手にフランスへ渡り、パリの歓楽街で毎夜、刹那《せつな》的な豪遊に明け暮れたのだ。まったくふざけた男である。こうした公金横領は、長州藩奇兵隊を創設した高杉晋作はじめ木戸孝允、伊藤博文、井上馨らの面々が常習的に行なってきた長州藩の宿痾《しゅくあ》であり年中行事だった。

山城屋がパリで豪遊していることは、陸軍少将桐野利秋《としあき》（薩摩）、外務卿副島種臣《たねおみ》（佐賀）、司法卿江藤新平（佐賀）らの耳に入った。桐野利秋ら清廉潔白を信条とする薩摩系軍人は、長州閥の頭領山県有朋を厳しく追及。山城屋と山県有朋の癒着関係摘発のため、軍隊を動員して山城屋の店舗を封鎖しようとした。

これに対し、司法権確立を目指す江藤新平は、

「軍隊による強権発動は乱暴である。不正や綱紀紊乱《びんらん》の摘発は司法省の職務である」

として、桐野利秋らの山城屋に対する実力行使を抑え、司法権によって山城屋を断罪すべく、司法大丞島本仲道に捜査を指示した。

事態にあわてた山県は山城屋をパリから電報で呼び戻し、陸軍省公金の返済を迫ったが、もとより返済は不可能である。山城屋は、司法省が本格的捜査を始めようとした矢先の明治五年（一八七二年）十一月二十九日、山県に累が及ばぬよう関係帳簿など証拠書類一切を焼却して証拠隠滅の上、陸軍省内の一室で割腹自決、自ら事件の真相を闇に葬った（一説では、山県が自決を迫ったという）。

山県は危機を脱し、近衛都督を辞任するに留まった。

士族による武士道政治を理想とした西郷は、島津久光からの激しい叱責や横山安武の自刃で「明治維新は失敗だったのか」と心揺さぶられるなか、尾去沢銅山事件、山城屋事件という長州人の低劣な汚職行為にますます胸を痛めたのである。

岩倉遣外使節団と西郷留守政府

話は一年前にさかのぼる。廃藩置県四カ月後の明治四年（一八七一年）十一月十二日、岩倉具視を特命全権大使とし大久保利通、木戸孝允、伊藤博文らが随行する遣外使節団が、不平等条約改正と欧米見聞のため横浜から出発した。

その一方で、三条実美《さねとみ》、西郷隆盛、江藤新平、大隈重信、山県有朋らが留守を預かることとなった。

留守政府は大久保らから「官制改革や大官の任命を行なわない」と約束させられたが、国政を預かる以上、何もしないわけにはいかない。岩倉使節団が明治六年（一八七三年）九月に帰国するまでの二年間、西郷留守政府は大きな業績を上げた。何かと策をめぐらす岩倉、志士あがりで権力欲の塊のような木戸、長州にすっかり籠絡《ろうらく》された大久保らが不在だったから、西郷の下で、

「鬼の居ぬ間の洗濯」

とばかり、江藤、大隈ら開明的な実務家が大いに腕をふるったのである。

多くの日本人は、西郷を細部にこだわらない茫洋《ぼうよう》とした大人《たいじん》、と考えているが、若い頃の西郷は薩摩藩の農政に携わり、重税を課す藩と貧窮に苦しむ農民との板挟みに悩む下級役人として刻苦勉励しており、実務能力・事務処理能力とも高かった。薩摩藩主島津斉彬が西郷を抜擢したのは、西郷のこうした能力を高く評価したからである。

留守を預かった西郷は自ら先頭に立ち江藤、大隈らを駆使し、渋沢栄一、前島密《ひそか》ら旧幕臣をいまでいうノンキャリアの実務担当者として活用し様々な改革を行なった。

当時、留守政府で大蔵大丞（局長）に抜擢された渋沢栄一が次のような興味深いエピソードを残している。

「ある日の夕方、当時私が住居した神田猿楽町の茅屋《ぼうおく》へ、西郷公が突然ヒョッコリ訪ねて来られた。その頃西郷さんは参議というもので、廟堂では此上のない顕官である。それが私の如き官の低い小身者を親しく御訪ねになるなど、すでに非凡の人物でなければできぬことで、誠に恐れ入った」（『渋沢栄一伝記資料』渋沢栄一伝記資料刊行会）

この日、西郷は経済に明るい渋沢に直面する財政問題について教示を受けにきたのだ。西郷は渋沢の説明を聞き終えると深夜、黙々と帰っていったという。渋沢は、

「とにかく維新の豪傑のうちで、知らざるを知らずとして毫《ごう》も虚飾のなかった御人物は西郷公だけである」（前掲書）

と結んでいる。

江藤、板垣、大隈、渋沢らの政治理念は、

「イギリス・フランス・アメリカを手本とした国造り」

だったから、西郷留守政府の施策は明るい風景に彩られている。現代日本人が明治に抱く好ましいイメージは、実は西郷留守政府の業績に対してなのである。

正義漢、江藤新平

江藤新平は、上野彰義隊戦争終結ののち、新政府の会計局判事に任じられ民政・財政・税務を担当したとき、東京の民生安定についての意見書で、

「東京中、十の九は貧民なり。その訴苦は借銀なり。盲人の借貸ならん。高利なり」

と述べ、東京市民の多くが盲人の高利貸からの借入で困苦にあえいでいると喝破した。

まさに卓抜した意見である。

幕府は、盲人の生計維持のため、盲人に独占的に按摩《あんま》業と消費者貸金業を免許した。

「規制緩和・自由競争にすれば、盲人など社会的弱者は生活困難に陥ってしまう。だからといって幕府財政で社会的弱者を救済するなら幕府財政が破綻する。そこで盲人自活のため、按摩業と消費者貸金業を盲人に免許する」

というのが幕府の考え方だった。

従って、高利借入金に苦しむ貧民を救済するため徳政令を発すれば、消費者貸金業を免許された債権者としての盲人が生活困難に陥る。この相関関係を見抜いた江藤は、返済条件の緩和によって、両者の調整を図った。このように江藤は、貧民や身体障害者に対する愛情と、世間の下情を察知する聡明さと、裂帛《れっぱく》たる正義感にあふれた男だった。

西郷留守政府が短期間に先進的な改革を成し得たのは、江藤新平のような理論家や、大隈重信のような財政家が理想に燃えて指導し、渋沢栄一、前島密ら相当数の幕臣がテクノクラートとして実務を支え、西郷が彼らを全面的にバックアップしたからである。

留守政府が行なった主な施策は、左記のとおりである。

一、民政面では、封建的身分差別を撤廃し人権を確立した。明治四年十二月十八日に華族・士族に職業選択の自由を許可し、明治五年一月には江戸時代の宗門人別改帳に代わる壬申《じんしん》戸籍を編成して華族・士族・平民の三族籍とし日本の総人口を三千三百三十万人と集計した。明治五年三月には神社・仏閣の女人禁制を廃し、同年四月に僧侶の肉食・妻帯を許可。明治五年八月三十日には水呑み百姓などを解放し、同年十月二日には人身売買禁止、娼妓《しょうぎ》芸妓等年季奉公人を解放し、娼芸妓に対する債権を無効とした。明治六年二月二十四日には切支丹禁制の高札を撤去し、キリスト教を容認した。

二、司法については、江藤新平が明治五年四月二十五日に初代司法卿となってイギリス・フランスを範とする三権分立の導入を進め、司法行政と裁判を明確に分離し、国法・民法を編纂して司法制度を整備。明治六年二月七日には仇討ちを禁止した。

三、警察制度については、明治五年五月、西郷が川路利良（薩摩）を東京府邏卒《らそつ》総長（ポリスと呼ばれた邏卒三千人のトップ）に任じ、川路に欧州視察（明治五年九月〜明治六年九月）を行なわせて近代警察を確立させた。

四、国家財政の面では、大蔵省で、渋沢栄一ら多数の幕臣が下級実務担当者となって三百諸藩の異なる財政制度を統一する大仕事を成し遂げた。明治五年二月十五日には江戸時代の田畑永代売買禁止令を解き、地価を定めて地券を発行し、土地の私有制度を確立。明治六年七月二十八日に地租改正に着手して国家財政を安定させた。

五、産業面では、明治五年四月に東京―大阪間の電信を開通し、明治五年九月十三日に新橋―横浜間の鉄道を開通。フランスの技術で富岡製糸場が明治五年十月四日に操業を開始。

前島密が明治五年七月、江戸時代からの名主宅を郵便取扱所として郵便制度を全国展開。明治五年十二月三日に太陽暦を採用。明治五年十一月十五日には、民間の力で兌換《だかん》銀行券を発行する目的で、渋沢栄一の指導により、アメリカの銀行制度を手本に国立銀行条例が定められた。

六、軍政面では、明治五年二月二十八日に兵部省を廃して陸軍省・海軍省に分かち、三月九日に御親兵を近衛兵に組み替え、明治六年一月十日に徴兵令を公布して近代的軍制を整えた。

七、教育については、明治五年八月三日、フランスに範を採りアメリカの教育思想を加えて学制を制定。小学校・中学校・大学を設置して、全国的な近代教育による国民皆学を目指した。学制改革は、のちに森有礼（薩摩）、福沢諭吉（幕臣）、加藤弘之（幕臣）、中村正直（幕臣）、西周《あまね》（幕臣）、津田真道（幕臣）、箕作麟祥《みつくりりんしょう》（幕臣）らが結成する明六社の思想に基づき、幕府開成所出身の洋学者や慶応義塾門下生らも加わった錚々たる人々によって成し遂げられた。

明治の三大改革といわれる地租改正・徴兵令・学制をはじめ、政治・経済・社会の各般の改革が次々に行なわれ、いずれも成功を収めたことは、西郷留守政府の功績である。

明治の文化人である福沢諭吉も、著書に「西郷が政治の中心にいた二年間は、民衆は不平がましいことをいわず、自由平等の気風に満ちた時期であった」と評価している。

こうした成功を得られた理由としては、

一、福沢諭吉が、幕府使節団員としてアメリカ・ヨーロッパへ渡って見聞したことを『西洋事情』として、慶応二年以降明治三年にかけて順次刊行し、イギリスの政体などを紹介。明治五年には『学問のすゝめ』を出版して欧米の政治思想・民主主義理念を説明し、国民への啓蒙が進んでいた。

二、前島密が、郵便制度を全国展開する際、江戸時代からの地方名望家である名主の自宅を郵便取扱所（現在の郵便局）として活用した。

三、小学校一万二千を開設するにあたっては、江戸時代に一万八千あった寺子屋が土台になった。

などを挙げることができる。

嫉妬深い岩倉と大久保

岩倉使節団は明治六年（一八七三年）九月に欧米歴訪から帰国すると、西郷留守政府の業績に目を見張った。

岩倉使節団は、条約改正について何ら成果なく、ただ二年間、漫然と欧米見物を楽しんだだけだった。帰国した岩倉らは、自分たちの留守中に、西郷らがイギリス・フランス・アメリカを手本とした開明的・民主的な国造りに成功を収めていることに唖然とした。

欧米の先進性を目の当たりにした彼ら外遊組は、西郷留守政府により日本が欧米先進国に引けを取らない近代国家になっていることを見て、腰を抜かしたのである。

こうなれば岩倉、大久保、木戸ら外遊組に、明治政府における立ち位置はない。

そして彼ら外遊組の、西郷、江藤、大隈、板垣ら留守組に対する嫉妬《ジェラシー》こそ、西郷ら留守組が下野《げや》する明治六年政変を招く火種となるのである。

実際に、岩倉使節団に対する国民の期待と信頼はしぼむ一方だった。この事情を三宅雪嶺は、

「(使節団は）漫然たる巡遊と意識せるも中止すべくもなく、文明国の旅行に興味をそそられ仏国に渡りて新年を迎う。純然たる漫遊と同様にして、国事をよそに花に戯《たわむ》れ月に浮かれるとは何事ぞ、と責められるばかりにて、空気はすこぶる穏やかならず。大使一行中にさえ、『条約は結び損ない、金は捨て、世間へ大使（対し）、何と岩倉（言ったら良いのか）』

と狂歌の行なわるる位にて悪評少なからず。留守派は漫然たる洋行話を聴くを欲せず。大掛かりの観光団は、齟齬の結果、大破綻の起こるをふせぐに由なし」（『同時代史』岩波書店）と解いてみせた。岩倉使節団の立場は一層、苦しいものとなった。こうした経緯は前出の小島慶三氏も明らかにしているところだ。

「欧米歴訪から戻った岩倉ミッションの人たちは、自分たちの留守の間にいろいろな改革、開明的措置がとられていることに唖然とさせられた。このことが岩倉ミッション、ことに岩倉、大久保と留守派の西郷とか江藤とかいった人たちとの対立になって、明治六年の政変になっていくことになる」（『戊辰戦争から西南戦争へ』）

西郷留守政府の業績に圧倒された岩倉、大久保、木戸らは、

「イギリス・フランス・アメリカを手本に開明的・民主的な国造りを進める西郷留守政府」

に対して、洋行帰りを鼻にかけて、

「天皇を中心とするドイツ型君主制の国造りをする」

ことを旗印として、西郷らに対抗した。

彼らにしてみれば、西郷留守政府の「イギリス・フランス・アメリカを手本とした国造り」を否定するには、

「天皇を中心とするドイツ型君主制・官僚独裁の国造り」

をするしかなかったのである。

しかし、岩倉や大久保らが日本の進むべき道として「イギリス・フランス・アメリカ型」を否定し、「ドイツ型」を選択したことは、恐るべき不見識だった。なぜなら、ドイツ式に統帥権を独立させた憲法こそが、太平洋戦争へと突っ走る布石となるからである。

征韓論政変ならぬ明治六年政変

通説では、

「西郷らは征韓論を唱えたが、外遊から帰った岩倉、大久保らは内治優先を唱えて征韓論に反対。政争に敗れた西郷らは下野した」

となっている。しかし、真実はまったく異なる。歴史家の毛利敏彦氏は次のように断じる。

「征韓論云々は、政変の勝利者が自己の行動を事後的に正当化するために案出したデマゴギーである」（『江藤新平』中公新書）

また、小島慶三氏も、

「通説で、ミッションは内治優先主義という思想を持ち帰り、征韓論に反対したということになってはいるが、実際は征韓の蓋然性《がいぜんせい》というものは、それほど濃くなかった。兵力、財力ともに乏しかったということもある。勝者の行為を正当化するものであって、ある意味では歴史の歪曲《わいきょく》であるというふうに私は考えている」（『戊辰戦争から西南戦争へ』）

と否定的である。

前にも述べたが、そもそも征韓論を最初に唱えたのは木戸孝允である。

木戸は戊辰戦争終結で余剰になった薩長西軍を活用するため、朝鮮半島侵略を思いついたのだ。木戸は大村益次郎への手紙に「武力を以てまず釜山港を開港させる」とはっきり書いている。

木戸が危惧したように明治二年（一八六九年）十一月、長州藩では財政上の理由で五千人以上の兵員を二千二百五十人の常備軍に改編するため奇兵隊など諸隊解散令を発して半数以上を除隊させたところ、奇兵隊等諸隊の兵士千二百余人が「選抜が不公平」と不満を鳴らし、武器を持って集結、「脱隊騒動」という反乱を起こした。驚いた木戸は武力鎮圧に乗り出し、翌年二月十日、山口へ進撃して反乱を鎮圧した。すなわち最初に征韓論を唱えた木戸孝允は、「脱隊騒動」の鎮圧により余剰兵員対策を解決してしまったので、それ以降、征韓論を唱えなくなり、洋行から帰ると、改めて征韓論を撤回した。

しかしすでに横山安武は薩摩士族の意向を代弁して、征韓論反対を唱えて諫死している。薩摩兵が、長州の木戸が唱える征韓論に乗って血を流して朝鮮を攻め取り、長州人が朝鮮に君臨して私利私欲を満たし利権獲得に策を弄し、血を流した薩摩兵が弊履のごとく捨てられるのでは、薩摩兵は浮かばれない。

かつて源平合戦で戦い、平家を滅ぼした源義経は、兄頼朝に殺された。同じように、幕府を滅ぼした薩摩兵が、長州の木戸の口車に乗って朝鮮を攻め、戦場で擦り潰され薩摩が弱体化し、長州の権力が強大化するのではたまらない。

横山の諫死に接した西郷の心境は、西郷が明治三年八月に庄内藩士犬塚盛巍に語ったように、「もう一度、明治維新を行なう。第二の明治維新が必要である」というものだった。第二の明治維新とは「内治優先」である。薩摩兵を第二の明治維新のため使おうとしている西郷にとって、征韓など眼中にない。

一方、板垣退助や後藤象二郎といった土佐グループは議会開設を求めている。

要するに木戸が征韓論を撤回した明治四年以降、新政府内に征韓論を推進する勢力など存在しないのである。

激怒した西郷

実は、征韓論が再浮上したのは明治六年（一八七三年）六月、外務少輔の上野景範が、「朝鮮官憲が『（開国した）日本は無法の国』との高札を掲げたため、（倭館の）日本人居留民の安全が脅かされている。ついては若干の陸海軍を派遣し、武力を背景に修好条約を締結させる必要がある」

と太政官に審議を求めたことに始まる。当初、参議板垣退助が外務省案の「武力による修好条約締結」に賛同したが、西郷は武力行使を不可とし、自身が烏帽子・直垂《ひたたれ》の礼装で全権使節となって円満な交渉による朝鮮開国を図る遣韓使節論を主張した。すると板垣は西郷案に同意し、西郷派遣は八月十七日の閣議で決定され、太政大臣三条実美が十九日に明治天皇に上奏した。

しかし天皇から、遣外使節団外遊中には重要事項を決定しないとの申し合わせに基づき、

「岩倉具視の帰朝を待って、岩倉らと熟議の上、再度、上奏せよ」

との勅旨があった。そこで最終決定は、岩倉の帰国まで待つことになった。

岩倉は九月十三日に帰国。十月十四、十五日の閣議で岩倉と大久保は西郷派遣反対を唱えたが少数意見となり、西郷の朝鮮派遣が再確認された。すると岩倉と大久保は、これを不満として辞表を提出。板挟みになった三条実美は十七日深夜、卒倒して執務不能ということになった。

そこで岩倉が太政大臣代行となり、二十三日、明治天皇に、

「この際、わが国は内治充実が大切である。西郷が朝鮮へ行きたいといっているが、この説に賛成する者は閣内に一人もいない。いま、使節を発するは不可」

と、虚偽をまじえて西郷派遣反対を上奏。岩倉の話を信じた天皇は十月二十四日、西郷派遣

を不可と裁定し、西郷派遣の話は潰れた。

これに対し江藤新平は、

「岩倉の上奏は閣議決定を無視したものである。難事を天皇の判断に委ねることは、民権を害するのみならず、天皇に政治責任を押し付ける無責任な行為であり、天皇の権威を低める」

との趣意を述べて岩倉を非難した。民権論者江藤の真骨頂である。

閣議で決定した西郷派遣が岩倉の上奏によって覆されると、

「留守政府は天皇から不信任を受けた」

という重大事となり、西郷は激怒して参議を辞任し帰郷した。

西郷は、岩倉や大久保の腹黒い策謀に満腔《まんこう》の不満を抱き、

「岩倉と大久保の術策は中国の秦檜《しんかい》と同じだ」

と吐き捨てた。秦檜とは南宋の宰相で、権力保持のため敵国と結び、その力を背景に恐怖政治を敷いて売国奴と蔑《さげす》まれた男のことである。

江藤新平、副島種臣、板垣退助、後藤象二郎の四参議も辞表を叩きつけて閣外へ去ると、岩倉、大久保が政権を独占した。大久保は西郷を追放すると、政変を将棋の対局にたとえ、

「盤上一盃に敗をとり候か、勝をとり候か。投げるか投げさせるか。二つに一つにござ候。舞台が崩れ、勧進元（西郷）の大損に相なり候」（『税所篤宛書簡』）

と得意げに書いている。このときまで新政権においては、
・西郷の「士族による清廉な武士道政治」と、
・江藤新平、後藤象二郎、板垣退助らの「英仏流の民権的共和制議会主義」と、
・岩倉、大久保の「天皇を中心とするドイツ型君主制・官僚独裁の有司専制」、
の三つの流れがせめぎ合っていた。

しかし結局、この「明治六年の政変」によって岩倉と大久保が権力を握り、西郷と江藤新平、後藤象二郎、板垣退助、副島種臣が下野したのである。

これについて毛利敏彦氏は、

「政変の最大の受益者は長州汚職閥であった。司法省に追及されていた彼らは、江藤の下野で虎口から脱することができた」（『江藤新平』）

と明言し、さらに、

「山城屋和助事件・尾去沢銅山事件……と、汚職・不祥事を続出させていた長州派は、政変のおかげで罪跡をうやむやにできて、没落寸前の淵から這い上がることに成功した。長州汚職閥こそ、明治六年政変の最大の受益者であったといえよう」（『明治六年政変』中公新書）

と論じている。

警察を創った男

西郷が帰郷すると、薩摩出身の桐野利秋、篠原国幹、別府晋介、永山弥一郎ら多くの近衛将校が一斉に官を辞して西郷を追った。

当時、多くの薩摩藩の外城士（郷士）によって構成されていた警察では、西郷に呼応して巡査（当時は「邏卒」と呼ばれた）の辞職が相次いだ。そこで政府は、各県から巡査を補充するとともに、明治七年（一八七四年）一月に警視庁を創設。薩摩藩の外城士出身の川路利良を警視庁初代大警視（現在の警視総監）に任じ、警察組織を再建させた。

川路は、

「国家行政は一日たりとも休むことは許されない。自分は治安という大義の前に、まことに忍びないが、西郷先生への私情を捨て、あくまでも警察に献身する」

と訓示し、薩摩系の巡査らが西郷に従って帰郷したことを非難した。

川路は、明治五年（一八七二年）九月に渡欧して各国の警察を現地調査し、フランスの警視総監フーシェに私淑《ししゅく》。護民思想による強烈な法治主義者となって帰国し、

「法治主義こそ国民福祉につながる。法と秩序の守り手としての警察権力の確立が必要」と信じ、フランス警察を模範とする警察制度を導入し、「治安維持の鬼」と恐れられた。

他方、後藤象二郎、板垣退助、江藤新平、副島種臣らは、五カ条の御誓文《ごせいもん》を受けて自由民権・国会開設要求運動に走り、明治七年（一八七四年）一月十二日に愛国公党を創立し、一月十七日には民撰議院設立建白書を政府に提出した。これをきっかけに全国に自由民権運動の嵐が起こる。板垣は西郷に会った際、

「私共は今後、議会開設を目指す運動をやる。あなたもぜひ一緒にやってほしい」

と口説いたが、西郷は、

「言論によって目的を達成できるとは信じられない。自ら政府を取って、しかるのち未曾有の盛事を行なわん。今後は全く関係を断って、予を捨ててもらいたい。今後は絶念あらんことを望む」（『史談会速記録』史談会）

と拒絶した。西郷と板垣はその方向性において互いに相容れなかったのである。

西郷暗殺計画

西郷が明治六年（一八七三年）十一月に鹿児島へ帰ると、県下は西郷を追って帰郷した軍人

や警吏ら血気盛んな壮年や若者であふれ返った。彼らに一日も早く勉学・仕事・農耕等を授けて鍛錬しなければ、彼らは道を誤る。そこで翌年六月、西郷以下が賞典禄を投じて私学校を建てた。私学校は篠原国幹が指導する銃隊学校などからなり、県下の各郷には分校も設けられた。明治八年（一八七五年）四月には、吉野開墾社が西郷によって作られ、旧陸軍教導団生徒を収容して荒蕪地の開墾に従事させた。

西郷は兎《うさぎ》狩りを楽しみ、温泉でくつろぐことが多かったが、私学校が整備され、私学校党が一大勢力になると、県令大山綱良は西郷の力を借りなければ県政を運営できなくなり、西郷に区長や警察署長を推薦してもらうようになった。こうして私学校党が区長や県役人や警吏に採用されて県政を牛耳るようになると、鹿児島県は租税を中央政府へ送らず、私学校党が支配する西郷王国と化した。

明治九年（一八七六年）三月二十八日に「廃刀令」が出され、士族の特権が剥奪されると、熊本神風連《しんぷうれん》の乱（明治九年十月二十四日）、秋月の乱（十月二十七日）、萩の乱（十月二十八日）など士族の反乱が続いた。

これに対し、秘密警察の親玉といわれたフランス警視総監フーシェの手法を学んだ川路は、フランス式の密偵組織を各所に作り、集会があるとスパイを送り込み、監視させた。その手法は、反乱の準備が整う前に言論機関を抱き込み、「好機到れり。各地の同志も我らとともに立つであろう。好機逸すべからず！」などと扇動して早期に暴発させ、片っ端から摘発し、鎮圧するというものだった。神風連の乱、秋月の乱、萩の乱もこの罠に引っ掛かって同志を糾合する前に、分断されたまま、やすやすと鎮圧されている。

西郷は、いずれ明治政府は瓦解すると考えていたが、

「まだ行動を起こす時期ではない」

と現状を認識し、時節の到来を待った。

しかし大久保は、

「いまのうちに西郷を潰さなければ手遅れになる」

と考え、川路利良を使って私学校党を挑発する。

大久保の意を受けた川路は明治十年（一八七七年）一月初旬、外城士出身で城下士（上級武士）を憎む配下の少警部中原尚雄《なおお》ら「東獅子《あずまじし》」と名付けられた巡査二十余名を密偵として鹿児島へ放った。目的は私学校の探索・弱体化・離間・攪乱《かくらん》などである。川路は「東獅子」の出立にあたって、

「私学校生徒は、私怨を晴らすため殺戮をなす者である。警察官六千名は奮励して、私学校の暴行からわが国民を守るべきである。君ら外城士は、城下士から牛馬のごとく扱われたことを思い出せ。君らは、城下士から下僕視された過去を忘れるな。鹿児島へ赴き、薩摩勢の軍資金・

戦術・輸送手段などを探査せよ」

と檄を飛ばした。川路は、故郷の鹿児島を「敵地」と呼んで、尖兵を送り込んだのである。

しかるに私学校党は、

「二十余名もの巡査が一斉に帰郷してくるとは不審である」

として逆探査に及び、中原尚雄の旧友谷口登太を中原に接触させると、中原は酒を酌み交わしながら、

「西郷を『ボウズ』、桐野を『鰹節』、私学校を『一向宗』との隠語で呼んでいる。俺はボウズを刺殺する。見ておれ」

と口走った。酒席の戯れか？　本心か？　それとも私学校の攪乱か？

これを聞き及んだ私学校党が中原を捕らえて拷問すると、中原は「西郷刺殺の密命あり」と供述した。

政府に尋問の筋これあり

一方、山県有朋は、鹿児島士族の反乱は間近いと見て、同年一月二十八日、熊本鎮台司令官谷干城《たてき》（土佐）に、

「鹿児島不穏の情勢に備えよ」

との警戒命令を下した。こうして政府と鹿児島県は一触即発の形勢となる。

一月二十九日深夜、政府は機先を制して、鹿児島市内の草牟田弾薬庫から銃砲・弾薬を密かに運び出し、政府が派遣した汽船赤龍丸に移そうとした。これを知った私学校生徒は、

「弾薬庫の銃砲・弾薬は、旧薩摩藩士の拠出金によるものである。政府に召し上げられる筋合いはない」

と激怒して逆に弾薬庫を襲った。

そのとき西郷は大隅半島でのんびり兎狩りを楽しんでいたが、二月一日、西郷のもとへ末弟小兵衛が来て、

・巡査中原尚雄が「西郷刺殺のため帰県した」と自供したこと。
・政府が弾薬を移送し、私学校生徒が弾薬庫を襲ったこと。

を伝えると、西郷は、「ちょっしもた（しまった）」と血相を変え、

「一（大久保）は、何ちゅうこつをすっとか。わいども（お前たち）弾薬に何の用があっちゅうとか。ないごて弾薬など追盗《おっと》すっとか」

と思わず天を睨んだという。

西郷が城下に戻ると、すぐさま私学校で大評議が開かれ、陸軍中佐の永山弥一郎は、

「兵を挙げず、まず西郷、桐野、篠原の三名が上京して政府の非を鳴らすべき」

と主張したが、桐野と篠原の出兵論を覆すには至らず、

「政府問罪のため全軍で上京する」

ことを決議。西郷らは二月七日、県令大山綱良に上京の決意を告げるとともに、

「政府に尋問の筋これあり。日ならずして当地発程いたし候……」

と鹿児島県庁に届け出た。

ここに西南戦争が勃発する。

大久保は、西郷が自分の仕掛けた罠にまんまとはまったことを喜び、戦争の勝利を確信して、伊藤博文に手紙で、

「この節、事端をこの事にひらきしは、誠に朝廷、不幸中の幸いと密かに心中に笑いを生じ候くらいにこれあり候」（『伊藤博文宛明治十年二月七日付手紙』）

と満足の意を伝えた。

西南戦争の主役、抜刀隊

二月七日、大久保利通は伊藤博文に西郷征討令および陸海軍出動の準備を指示。川路利良も九日夜、待ってましたとばかりに警視庁巡査を招集。早くも翌日、巡査六百名が少警視綿貫吉直に率いられ九州へ出発した。このとき川路は、

「巡査はもとより士族なり。必ずや、他兵に劣らぬ奮発・勉励を希望する」

と激励した。士族により編成された警視隊は農民主体の熊本鎮台兵の弱点を補う、と期待されたのである。

西郷の暴発をいまかいまかと待ちわびていた山県有朋も直ちに動員を行ない、二月十日、近衛歩兵第一連隊、東京鎮台歩兵一個大隊、同山砲一個大隊、同騎兵一個分隊、大阪鎮台歩兵一個大隊、同山砲一個大隊に出動を命じた。政府は二月十九日、西郷征討の詔《みことのり》を発して、

「鹿児島県暴徒、ほしいままに兵器を携え、熊本県に乱入。国憲をはばからず、叛跡顕然《はんせきけんぜん》につき、征討おおせだされ候条。この旨、相達し候。

明治十年二月十九日　太政大臣三条実美」

と布告。征討第一旅団（旅団長野津鎮雄少将・薩摩）と征討第二旅団（旅団長三好重臣少将・長州）の約五千六百人が二月二十二日に博多へ上陸し、二十四日には田原坂《たばるざか》北方の高瀬へ進出

した。

一方、薩摩軍は二月十五日に鹿児島を発ち、二月二十二日に熊本城を攻撃して熊本城を包囲。五番大隊（池上四朗）を熊本に残し、一番大隊（篠原国幹）が田原坂へ、四番大隊（桐野利秋）が山鹿へ、二番大隊（村田新八）と六番・七番連合大隊（別府晋介）が木留《きとめ》へ進出。三番大隊（永山弥一郎）は敵上陸に備え海岸守備についた。

ところが政府軍は、早くも兵力不足という難問に直面する。徴兵制度はまだ初期の段階にあり、徴兵免除者が多く、追加徴兵者は訓練不足で戦力が脆弱《ぜいじやく》だった。

そもそも戦闘のエキスパートである士族は全人口の約五パーセントに過ぎず、士族が徴兵対象者として選ばれる確率は低く、徴集兵は農民・職人・商人らが大半を占めたのである。

かつて薩摩軍の桐野利秋は、大村益次郎が設計した農民兵による徴兵制を、

「土《ど》百姓を集めて人形を作る。果たして何の益あらんや」

と蔑んだが、桐野の指摘はそれなりに正しかったのである。そこで政府内では、

「訓練に手間がかかり戦力が脆弱な徴兵より、士族を志願兵として即戦力とすべし」

との声が上がったが、志願する士族のみを軍隊に組み込むなら、国民皆兵の制度は崩壊する。そこで政府は参戦を志願する士族を巡査として採用し、西南戦争に投入した。

さっそく綿貫吉直少警視率いる巡査六百名に続き、重信常憲少警視が率いる九百名が福岡へ、

桧垣直枝《なおえ》権少警視が率いる五百名が大分へ、上田良貞大警部が率いる二百名が福岡へ増派された。同時に国内治安維持のため、奥羽地方の士族から巡査五千二百名を徴募し、さらに巡査四千名を追加徴募。東京の警備に当たらせるほか、警視隊として大阪へ九百名、京都へ三百名、神戸へ千八百名、九州へ五千九百名を増派した。

警視隊は当初、徴兵部隊の補助的存在として旧式小銃を与えられ、後方支援などの役割を担った。しかし結局、彼ら警視隊は旧式小銃を捨て、日本刀を抜いて薩摩陣地に斬り込む抜刀隊《ばっとうたい》となり、薩摩兵と斬り合って西南戦争の主役を演じることとなる。

かつて会津藩家老として鳥羽伏見で戦い、会津籠城戦では長命寺付近の薩長軍に斬り込んだ佐川官兵衛は、会津降伏後、斗南藩の三戸郡（青森県）へ移住したが、廃藩置県後に東京へ出て警視庁一等警部となり、桧垣直枝権小警視の豊後口警視隊の副指揮長兼第一小隊長として二百五十名を率い、三月一日に大分へ進出し、熊本を目指した。

佐川官兵衛

復讐の好機至れり

ひとたび西南戦争が開始されるや、多くの士族が西郷軍に合流した。

しかし、後藤象二郎（土佐）、板垣退助（土佐）、宮崎八郎（熊本）ら「国会開設による共和政治」を目指す民権派の士族たちは参加を迷った。結局、後藤象二郎や板垣退助らは、「西郷は士族至上主義であり、民権派ではなく、共和政治・議会主義を否定している」として西郷軍に参加しなかった。もっとも、郷土史家の平尾道雄氏によると、後藤は別の考えを持っていたようで、

「薩摩の大久保と西郷を戦わせ、民権論に理解を持つ木戸と握手して長土提携の民撰議院（衆議院）設立へのテンポを速めるのが後藤の肚《はら》だった」（『土佐百年史話』浪速社）

らしい。

一方、「九州のルソー」と呼ばれた自由民権運動家の熊本郷士宮崎八郎は、弟の滔天《とうてん》から「西郷は士族至上主義である」と反対されたが、

「西郷によってまず有司専制の大久保を倒し、その後に西郷を倒して共和政治を実現する」

と語り、民権家の同志を募って熊本協同隊を結成し薩摩軍に参加した。そして四月六日、熊本県八代《やつしろ》で戦死する。宮崎八郎二十六歳は自ら筆写した『民約論』を懐に奮戦したという。

また福沢諭吉の故郷中津藩では、慶応義塾に学んで帰郷し英学を教えていた民権派の士族増田宗太郎が同志を募って中津隊を結成し、薩摩軍に加わった。

さらに西郷から恩を受けた庄内藩士の若者も、西郷軍に身を投じている。

これに対して会津士族は、薩摩への復讐の機会が訪れたことを喜び、相次いで政府軍に志願した。

陸軍幼年学校生徒だった柴五郎十七歳は、西郷征討を知ったときのうれしさを日記に、

「芋（薩摩）征伐仰せ出されたりと聞く、めでたし、めでたし」

と記し、続けて、

「五三郎兄好機いたれりと警視隊に入隊、巡査百人ほどの長となれり。はからずも兄弟四名、薩摩打ち懲らしてくれんと東京にあつまる。まことに欣快これにすぐるものなし。山川大蔵、改名して山川浩もまた陸軍中佐として熊本県八代に上陸し……千万言を費やすとも、この喜びを語りつくすこと能わず」（『ある明治人の記録』）

と書いている。

会津藩士だった陸軍中佐山川浩（旧名大蔵）は、

「薩摩人、見よや東《あずま》の丈夫《ますらお》が、提《さ》げ佩《は》く太刀の、利《と》きか鈍きか」

との和歌を詠み、出征した。

元会津藩家老佐川官兵衛一等警部は配下二百五十人を率いて大分から夜間に豊後街道を西進。阿蘇山麓を迂回して熊本を目指し行軍したが、熊本平野への入口で、三月十八日夜明け、熊本から迎撃してきた優勢な薩摩軍と遭遇し、敵の台場・塁壁から小銃の乱射を浴び、進退に窮し

た。そこで佐川は敵の指揮官を斬り倒そうと、斜面をはい登り、塁上で指揮する敵将鎌田雄一に近寄り斬り合いを挑んだ。示現流の名手と、溝口派一刀流の猛者は、昇る朝日を浴びながら、白刃《はくじん》を交えること数合。その刹那、無念にも佐川は薩兵に狙撃され斃れた。かくて政府軍の大分からの進撃は頓挫した。

決戦場、田原坂

政府軍と薩摩軍は熊本城北方の田原坂で激突する。福岡から熊本へ通じる街道のうち、大砲が通れる道は田原坂しかなかった。かくて田原坂は最大の決戦場となるのである。

田原坂は二キロほどの切り通しの曲がりくねった急坂で、かつて加藤清正が熊本城防御のため切り開かせた、といわれ、守る（薩軍）に易く、攻める（政府軍）に難い地形だった。断面の形状は凹字をなし、道の両側は五～六メートルの高い土手で、樹木が鬱蒼《うっそう》と繁茂し昼なお暗く、薩摩軍はこの土手上に拠り、下から登ってくる政府軍を攻撃した。官軍の公式記録である『征西戦記稿』は、

「外、昂《たか》く、内低く、あたかも凹字形を成し、坂勢《ばんせい》峻急、加うるに一陟《ちょく》一降の曲折を以てし、坂の左右は断崖峭壁《しょうへき》にして、茂樹灌木《かんぼく》これを蔽《おお》ひ、鬱蒼として昼暗く、まことに天険をなす」

と描写している。

三月四日の激戦で、早くも薩摩軍一番大隊長篠原国幹が狙撃され戦死した。篠原は金モール付きの金色燦然《さんぜん》たるフランス式軍服に身を固め白ちりめんの兵児帯をしめ、銀装の太刀を帯び、真紅の裏地をつけた黒羅紗《らしゃ》の外套《がいとう》を翻して陣頭に立った。部下たちは、

「先生！　あんまりお進みになっちゃ危なかごわす。まちっと退がって指揮をとってくいやらんといけもはん」

としきりに引き留めたが、篠原はかまわず陣頭に立って奮戦し、狙われたのである。その直後、篠原を倒した政府軍の江田国通少佐（薩摩）も撃ち返されて戦死。さらに政府軍指揮官野津道貫大佐（薩摩）にも銃弾二発が命中したが、一発はベルトに、一発は軍刀に当たって野津は難を逃れ、退却した。両軍とも指揮官が前面に出ての、文字どおり死に物狂いの激戦だった（この日だけで銃弾消費量は数十万発、戦死二百十七名）。

政府軍の大半を占める鎮台兵は農民であり、薩摩士族が日本刀を掲げて迫り来ると恐怖におののき、これを見た地元の子供たちから、

「くそ鎮、くそ鎮」

とはやし立てられた。薩摩兵も、とくに弱い大阪鎮台兵を、

「またも負けたか八連隊（大阪）、それでは勲章くれんたい（第九連隊・京都）」

とあざ笑った。

当時の農民は想像を絶するほど士族を恐れていた。福沢諭吉は明治五年（一八七二年）三、四月頃の農民とのエピソードを次のように描いている。

「羽織・股引の姿でコウモリ傘一本を持ち有馬温泉へ行く道中、横柄な口調で農民に道を尋ねたところ、農民は道端へ下がって小さくなりお辞儀をして恐縮し応対した」（『福翁自伝』岩波書店）

そんな農民が、コウモリ傘ならぬ抜身の日本刀を振りかざし迫り来る薩摩士族を恐れ、逃げまどったのも無理はない。

さらに政府軍の士族の間でも、西郷隆盛と薩摩士族への畏怖と恐怖の念は根強かった。西南戦争へ出征を命じられた金沢第七連隊伍長の藤堂藩士族津田三蔵（後年、ロシア皇太子を襲撃）は、

「西郷と戦うのは気が重い」

とぼやいている。

真っ向から西郷軍と戦おうとしたのは、会津士族と薩摩藩外城士くらいのものだった。

田原坂で、薩摩軍による斬り込み攻撃が三月六日、七日に行なわれると、ここでも鎮台兵は

恐怖のあまり算を乱して逃げ、さらに追撃を受けて死傷者が続出した。

劣勢の政府軍は側面攻撃に転じ、田原坂の南方二キロにある横平山の薩摩軍陣地を三月九日から攻撃したが、これも撃退された。

死する覚悟で進むべし

新たに戦局を切り開いたのは、再度横平山奪取に向かった警視庁抜刀隊である。

三月十一日、大警部上田良貞（薩摩）が、

「戦局打開のため警視隊から剣術に秀でた者を選抜して投入する」

とし、三月十五日、警視庁抜刀隊五十人が横平山の薩摩軍堡塁へ抜刀突撃。戦死十二名、戦傷三十六名の大損害を出しながらも占領した。無傷は二名だけだった。この戦闘について『警視隊戦闘日注』は、

「一斉吶喊《とつかん》、賊塁に突撃し、叱咤奮戦す。賊は銃を擁し、刀は鞘を脱する遑《いとま》あらず。たちどころに賊八、九名を斬る」

と記録している。

ちなみに、私の大学時代の剣道部仲間で鹿児島出身の平川君が、あるとき、
「自分が幼児の頃、一緒に入浴した祖父の背中に刀傷があり、理由を聞いたところ、西南戦争のとき斬られた、と答えた」
と語った。祖父が十五歳の少年兵として薩摩軍陣中にあり、明治の末に父が生まれ、昭和二十一年に彼が生まれたとすると、昭和二十六年頃、五歳の彼が八十九歳の祖父と入浴したのは、あり得る話である。つまり西南戦争とは、彼にとっては実感を伴った身近な出来事なのである。

当初、抜刀隊の主力は、薩摩藩で城下士から「郷の者」と差別された外城士出身の巡査たちだった。

銃弾が飛び交うなか日本刀をかざして突撃する抜刀隊の損耗は激しく、全滅した分隊もあった。このため、警視庁抜刀隊は薩摩士族に代わって会津士族が中核となる。その後さらに多くの東北士族が志願した。

郵便報知新聞の従軍記者だった犬養毅《いぬかいつよし》は、
「十四日、田原坂の役、我（政府軍）進んで賊の堡《とりで》に迫り、殆ど之を抜かんとするに当り、残兵十三人固守して退かず、其時故《もと》会津藩某、身を挺して奮闘し、直に賊十三人を斬る。其闘ふ時大声呼《よばわ》って曰く、『戊辰の復讐、戊辰の復讐』と。是は少々小説家言の様なれども、決して

虚説に非ず。此会人（会津人）は少々手負いしと言う」（『郵便報知新聞・戦地直報第二回』）と伝えた。この会津人は、抜刀隊分隊長だった会津士族田村五郎三等少警部あるいは内村直義二等中警部であろう、といわれている。

政府軍は、三月二十日午前五時、田原坂へ総攻撃を行ない、夜来の雨で濃霧が立ち込めるなか密かに匍匐《ほふく》前進し、午前六時に突撃を敢行、ついに田原坂を突破する。

東京日日新聞の福地源一郎は、

「賊の抜刀隊のために、わが新兵はたびたび切り退けられた。わが熟兵は円陣に構え、薩摩抜刀隊の近付きたるとき一斉に発砲する方法を行なえども、慣れざる新兵はこれを行ないかね、薩賊のため数度、砲塁を取り返された。そこでわが方も同じくこれを行なわんと決議し、東京巡査百名を選抜して抜刀隊と名付け、これに刀を授け、わが攻進の兵隊に後続せしめたり」（『東京日日新聞』三月二十四日付）

と抜刀隊の殊勲を報道している。

また郵便報知新聞の主幹藤田茂吉は、従軍記者として戦地へ向かう途中、徴募巡査と同船し、東北訛《なま》りの一人が繰り返し、

「妻や子を振り棄てて故郷の春を跡になし、恨み重なる薩摩潟。心尽くしのかいあって巡査の拝命うけしより、むくう刀の切れ味を胸の砥石で研ぎすまし、歯向かう奴らを斬り棄てて、君

とわが身の敵を除き、光かがやく日の丸を、天《あま》が下にて振り照らし、お医者様ではないけれど、国の病を治したい」（『郵便報知新聞』四月十二日付）

と歌っていた、と報じている。警視隊に参加した福島県出身者は千百七十七名で警視隊の約十パーセント、戦死者は百四十三名で警視隊戦死者の二十四パーセントを占めた。

警視庁抜刀隊の活躍によって、廃刀令（明治九年）により廃《すた》れた剣道の価値が再認識され、大警視川路利良は『撃剣再興論』を著して警察剣道を奨励した。明治十二年（一八七九年）には警視庁に撃剣世話掛が設けられて剣客が続々と採用され、幕末時は神道無念流、柳生新陰流、直新陰流、北辰一刀流、小野派一刀流、溝口派一刀流、示現流（薬丸自顕流）、鏡新明智流、香取神道流、鹿島新當流など分立していた諸流派が警視庁に統一され、現在、警察剣道は日本剣道界の最大勢力となっている。

なお、この抜刀隊の活躍を謳ったものが軍歌「抜刀隊」である。これは、明治天皇が気に入り、たびたび演奏させていたことでも知られ、庶民の間でも広く愛唱された。六番まである歌詞のうち一番は、以下のとおり。

♪吾《われ》は官軍我が敵は、天地容《い》れざる朝敵ぞ
　敵の大将（西郷のこと）たる者は、古今無双の英雄で

これに従うつわものは、共に剽悍《ひょうかん》決死の士
鬼神に恥じぬ勇あるも、天の許さぬ反逆を
起こせし者は昔より、栄えしためし有らざるぞ
敵の亡ぶるそれ迄は、進めや進め諸共に
玉散る剣《つるぎ》抜きつれて、死する覚悟で進むべし

本歌はのちに行進曲に編曲され、昭和十八年（一九四三年）の学徒出陣の際、雨の神宮外苑で流されたことでも有名である。なお警視庁は現在も本曲を行進曲として使用している。

一死を以て罪を謝す

田原坂を突破する七日前、政府軍が苦戦してまだ横平山も田原坂も越えられない三月十三日、黒田清隆中将（薩摩）と高島鞆之助《とものすけ》大佐（薩摩）が、「軍艦によって熊本の背面に上陸し、南から迫って熊本城の包囲を解くべき」と献策した。熊本城の糧食は三月末には米・粟を合わせて三百六十六石に減少。鎮台兵は粟の粥や死んだ軍馬や雑草を食べるようになり、城内の野良猫を狙撃して喰らう者さえ現われた。

四月六日以降は柄杓一杯の粥のみとなり、糧食は四月十七日に尽きると計算された。薩摩軍の重囲を突破し熊本城と連絡をつけなければ、熊本城に孤立した鎮台兵は自滅するだろう。

黒田の献策は受け入れられ、黒田自身が参軍に就任。別働第一旅団四千人が編成されて高島が旅団長となり、三月十八日に長崎を出航。十九日に熊本城南方の日奈久《ひなぐ》に上陸し、八代を占領した。

さらに三月二十五日、東京、名古屋、広島の鎮台兵によって編成された別働第二旅団（陸軍少将山田顕義）と、警視隊から編成され、近衛兵も加わった別働第三旅団（大警視兼陸軍少将川路利良）が八代に上陸した。別働第三旅団は精強な部隊で、西郷軍は、

「赤帽（近衛歩兵）、大砲（近衛砲兵）、銀筋（警視隊）なくば、花のお江戸へおどり込む」

と称えた。軍帽の帯の色は近衛歩兵が赤色、警視隊は銀色、鎮台兵は黄色であった。

近衛歩兵・近衛砲兵はかつて西郷が率いた御親兵から改組された最精鋭の部隊であり、近衛歩兵・近衛砲兵・警視隊とも士族集団である。西郷軍を圧倒したのは鎮台兵ではなく、彼ら精強なる士族集団だったのだ。つまり西南戦争とは、西郷軍士族と政府軍士族の戦いだったのである。

四月七日、さらに黒川通軌《みちのり》大佐率いる別働第四旅団二千六百名が宇土に上陸。

黒田清隆の衝背軍四個旅団は、四月十二日早朝、御船《みふね》と川尻への総攻撃を決意し、別働第一

旅団と別働第三旅団が御船を攻撃、別働第二旅団と別働第四旅団は川尻へ進撃した。

薩摩軍は出兵に反対だった永山弥一郎（三番大隊長）が迎撃のため人力車で御船へ駆けつけた。足を負傷していた永山は長刀を手に酒樽にどっかり座って指揮を執り叱咤し続けたが、四面皆敵という状況に陥り、多くの薩摩兵が退却。永山は十二日、傍らの部下に、

「大敗の責任、何の面目あって同志にまみえよう。一死を以て罪を謝す。諸君はここを離脱し、本営に状況を伝えよ」

と今生の別れを告げると、近くの農家に入り、老婆に有り金を渡して、火を放ち、黒煙と紅蓮の炎を上げて燃え盛るなかで割腹し、自らを荼毘《だび》に付した。享年四十。御船は政府軍に占領された。

英雄の最期

御船が陥《お》ちると、熊本城から七キロ南方の川尻が主戦場となり、四月十四日午前、別働第四旅団と別働第二旅団左翼隊が緑川を渡河して川尻へ突入した。

このとき別働第二旅団右翼隊を指揮する山川浩中佐は、すでに前日未明、暁闇《ぎょうあん》・濃霧のなか部隊に緑川を渡河させ、密かに戦機を窺っていたところ、前面の薩摩兵が激戦中の川尻へ応援

に向かい、薩摩軍に隙が生じたので、熊本城への突入を決意した。

「熊本城と連絡するのは、いま以外に機会はない。機を逃してはならぬ。急げ！」

と命じ、川尻の激戦を横目に見ながら、熊本城目がけて急行。城下へ通じる長六橋《ちょうろく》に敵兵がいないことを確認すると、午後四時頃、一気に熊本城下へ部隊を突入させた。

一カ月に及ぶ会津籠城戦で辛酸《しんさん》をなめた山川は、籠城に苦しむ熊本城を一刻も早く救いたかったのだ。城側は新手の薩摩軍と誤認して盛んに発砲したが、山川は繰り返し「撃ち方やめ」のラッパを吹かせ、政府軍旗をうち振って友軍の到着を知らせ、隊列を崩さず、沈着冷静に部隊を進め、熊本城を開通した。

会津攻防戦の際、彼岸獅子を先頭に会津城へ入城した智将山川浩は、このたびも薩摩軍の重囲にあえぐ熊本城を開き、城内の将兵の命を救ったのである。

餓死寸前だった将兵は皆、蘇生の思いで狂喜した。のちに児玉源太郎少佐（当時）は、

「日が沈み暮色蒼然という頃合、一隊の軍伍が粛然として足並みを揃え落ち着き払って長六橋に押し寄せてくる。凝視すると、わが熊本城にとって天の使い、待ちに待った別働旅団の応援軍であって、勇気凛々としていましも城下に安着したのである。城中の欣喜雀躍《きんきじゃくやく》は実に思いやられる」（『熊本籠城談』）

と語った。翌十五日には別働第一旅団も熊本城へ入った。

薩摩軍はこれ以降、人吉、宮崎へ退却し、宮崎の和田峠で最後の決戦を挑んだが大敗。西郷は八月十六日に解軍令を下し、多くの薩摩軍兵士は思い思いに戦線を離脱、西郷も高千穂《たかちほ》を経由して鹿児島に戻った。このとき中津隊の増田宗太郎は部下から「なぜわれらと帰郷しないのか」と問われたとき、

「西郷先生に一日接すれば一日の愛を生じ、三日接すれば三日の愛を生じる。親愛日に深まり、去るべくもあらず。いまや自分は、西郷先生と死生を共にするのみ」

と答えて全員を故郷へ返し、自身は西郷に従って、鹿児島の城山の戦いで戦死した。

九月二十三日、城山の洞窟を居所《いどころ》にしていた西郷のもとに山県有朋から自決勧告書が届けられたが、西郷は「回答の要なし」と無視した。

翌二十四日早朝、政府軍の城山総攻撃が始まると、西郷と桐野利秋、桂久武、村田新八、池上四郎、別府晋介ら四十余名は洞前に集合し、西郷から最後の閲兵を受け、一行は政府軍が待ち構える岩崎谷へ向かった。その刹那、小倉壮九郎（東郷平八郎の実兄）が「ご免！」と大声を発して切腹、続いて西郷の親友の桂久武が撃たれて斃れ、西郷も股と腹に被弾した。西郷は傍らの別府晋介を顧みて、

「晋どん、晋どん、もう、ここらでよか」

といい、東方を遙拝したのち端座すると、別府は、
「ご免なったもんし」(『西南記伝』)
と叫んで西郷の首を刎《は》ねた。享年五十一(満四十九歳)。別府はそのまま弾雨のなかへ飛び込んで戦死。桐野、村田、池上らも岩崎谷で討ち死にし、全滅した。ここに西郷の戦いは終わった。

西南戦争終結から八カ月後の明治十一年(一八七八年)五月十四日朝、内務卿大久保利通は馬車で出勤の途上、東京の紀尾井坂で、石川県士族島田一郎・長連豪《ちょうつらひで》・杉本乙菊・脇田巧一・杉村文一および島根県士族浅井寿篤に馬車から引きずり降ろされ、惨殺された。

襲撃団の中心人物、島田一郎は、明治六年政変で西郷隆盛が下野するに至ったことに憤激、有志を募って国事に奔走し、西南戦争が始まると西郷軍に加わろうとしたが失敗、西郷敗死の八カ月後に、大久保暗殺を果たしたのだ。

島田が突きつけた斬奸状《ざんかんじょう》には、大久保が犯したとする次の「五罪」が列挙されていた。

一、国会も開設せず、憲法も発布せず、民権を抑圧している。
二、法令の朝令暮改が激しく、官吏登用は情実により、政治を私物化している。
三、不要な土木事業を重ねて国費を浪費し、人民を苦しめている。

四、国を思う志士を排斥して独善的政治を行ない、西南戦争を引き起こした。

五、条約改正に取り組まず、国威を貶《おとし》めている。

第二章　島津斉彬に取り立てられた西郷

郷中教育と二才頭西郷

西郷隆盛は、文政十年（一八二七年）十二月七日、薩摩藩の小姓組・勘定方小頭西郷吉兵衛四十七石の長男として鹿児島城下の加治屋町《かじやまち》で生まれた。

薩摩藩士は、前述のとおり、城下士と外城士（郷士）に分かれ、城下士は一門（四家）・一所持（十七家）・一所持格（四十一家）・寄合（六十四家）・小番（七百六十家）・新番（二十四家）・小姓組（三千九十四家）・与力（多数）に区分されていた。西郷吉兵衛は城下士の下から二番目の小姓組に属し、勘定方小頭という、いまでいえば会計係長といった最末端管理職の下級藩士だった。西郷の兄弟のうち、次弟吉二郎は奥羽戊辰戦争のときに長岡で戦死し、三弟従道は西南戦争で政府軍に加わって、のちに海軍大臣になる。四弟小兵衛は西郷に従って西南戦争で戦死した。のちの陸軍元帥大山巌《いわお》は従弟である。

西郷は八歳の頃、藩の聖堂に通って読み書き、そろばんを学んだ。仲間には大久保利通、海江田信義（当時は有村俊斎）、伊地知正治、吉井友実らがいた。西郷は天保十二年（一八四一年）に元服して加治屋町郷中の二才《にせこ》組へ進み、二十一歳の弘化四年（一八四七年）、郷中の二才頭《にせがしら》となった。

ここで郷中、二才組、二才頭について説明しておこう。

薩摩では、鹿児島城下（内城）に三十六カ所、外城に百十三カ所の郷があった。郷はそれぞれを一単位とする武士の最小自治組織である。各郷の青少年の集まり、いわば少年団・青年団を稚児組（七歳前後から元服まで）・二才組（元服から結婚まで）と称した。この教育システムを郷中教育といい、二才頭が稚児組と二才組を統括した。稚児組に入った郷中の少年は、元服すると二才組へ移り、結婚して所帯を持つと二才組から卒業した。いつまで経っても結婚しない者は、薩摩軍団では「はぐれ烏」になったようだ。

郷中教育とは薩摩藩士を育成する教育法で、青少年が親しく胸襟《きょうきん》を開いて語り合い、苦楽を共にして相戒め、礼儀を重んじ、切磋琢磨しながら文武の修練に励む少年自治の教育であり、万一問題が生じれば熟考の上、衆議を尽くし、皆が納得する解決を図ることを旨とした。

二才頭は二才組の互選で武芸に優れ統率力に秀でた者が、親の家禄や地位とは無関係に選ばれた。勘定方小頭四十七石という下から二番目の下級武士である西郷吉兵衛の息子の隆盛が二才頭になったことからも、それは明らかである。

西郷は、十八歳の弘化元年（一八四四年）、郡方書役助《こおりかたかきやくたすけ》となった。郡方とは郡役所と税務署をかねた組織で、書役助とは書記役の見習、ということである。この二年後、大久保利通は藩の記録所書役助になっている。

郷中の青年は結婚して二才組を卒業すると、そのまま薩摩軍団に組み込まれ、二才頭はその軍団長候補となった。郷中で二才頭を務める西郷は、将来の軍団長として期待されたのである。

話は飛ぶが、九州の豊前中津藩（奥平家十万石）の下級武士だった福沢諭吉は自伝で、

「家老の子は家老、足軽の子は足軽。門閥制度は親の敵《かたき》でござる」（『福翁自伝』）

と語っている。中津藩では、足軽や下級武士の子は永久に出世できなかったらしい。

これに対し薩摩藩では、下級武士の子であっても、武芸に優れ統率力が秀でていれば互選によって二才頭となり、栄進する人材登用の道が開けていたのだ。福沢諭吉の言に間違いないとすれば、中津藩には二才組のような制度がなかったのかもしれない。

私の大学時代、剣道部の同期生で中津から出てきたSが、

「僕の故郷は福沢諭吉先生がお出になられた大分の中津なんだ」

と誇らしげに語ったところ、熊本藩士の子孫であるNが、

「お前、福沢諭吉が『こんな田舎にゃ居られない』といって出てきたあの中津から来たのか」

とからかった（Sはいまも中津に住んでいる）。

そもそもNの熊本藩は中津藩よりそれほど開明的だったのだろうか？　私にはよく分からない。

私が薩摩藩の郷中教育に強い関心を向けるのは、いまの教育の荒廃を憂えているからであり、西郷隆盛によって体現された薩摩武士道に興味が尽きないからである。

わが国の教育の荒廃の原因は、戦後ＧＨＱが行なった日本弱体化政策の一環である公職追放によってまともな教職員を排除し、民主教育という名の下に、

「武士道と少年自治の一切を放棄させた」

ことにある。

その後、少数の有志によってささやかに継承されてきた武士道と少年自治の精神は、いまや日本政府によるグローバリズム推進教育により絶滅危惧状態となってしまった。

会津藩の什の誓い

一方、会津藩といえば「什《じゅう》の掟」というほど有名だが、これは、藤原正彦氏の著書『国家の品格』（新潮新書）で紹介されたことから広く知られるようになり、学校でのいじめが社会問題化するなか、全国の教育関係者の注目を集めたのであった。

しかし正しくは、「什の掟」ではなく、「什の誓い」である。

什とは十人組という意味で、会津藩における子弟教育の一単位である。薩摩藩の郷中とよく似ている。会津では町内を「辺」という単位に分け、辺を細分した最小単位が什である。

会津若松市における教育的観光施設である「会津藩校日新館」は、「什の掟」について、次

のように説明している。

「什長が次のようなお話を申し聞かせ、反省会を行ないました。
一、年長者の言ふことに背いてはなりませぬ
一、年長者にはお辞儀をしなければなりませぬ
一、虚言《うそ》を言ふことはなりませぬ
一、卑怯な振舞をしてはなりませぬ
一、弱い者をいじめてはなりませぬ
一、戸外で物を食べてはなりませぬ
一、戸外で婦人《おんな》と言葉を交へてはなりませぬ
ならぬことはならぬものです。
お話も子供たちが自分たち自身で作り、互いに約束し、励み合ったのです」

この説明はおおむね正しいのだが、根本的な誤りを指摘すると、
「決め事は各々の什が自発的に決定しているのであり、什員全員の合意によって修正することもできるのだから、『掟』でなく、『誓い』というべき」

ということである。だから決め事の内容は、それぞれの什によって少しずつ異なる。それに最後の「ならぬことはならぬものです」というのは、上の者や大人が少年らに、「大人のいうことに従いなさい」と押し付けているのではない。むしろまったく逆であって、少年たちが、「自分たちの総意で決定したのだから、自分たちで守らなければならない」という決意を示すとともに、「内容を変更するなら、総員合意の上で変更しなければならない」と決めている、ということなのである。

とくに、このうち第一項と第二項の、「年長者の言ふことに背いてはなりませぬ」「年長者にはお辞儀をしなければなりませぬ」というのは、大人からの介入を防ぎ少年自治を守るには、年長者と無用な軋轢《あつれき》を起こしてはならない、という意味である。これが「少年自治」の本来の姿なのである。

数年前、私があるところで講演したとき、初老の男性から、「いまの子供たちに道徳規律を確立させるには、やはり会津藩のように上から厳しく、『ならぬことはならぬ』と押さえ付けなければならないのでしょうね？」

との質問を受けたが、これはとんでもない勘違いなので、私は次のように答えた。

「ならぬことはならぬ、というのは上からの押し付けではなく、少年同士の誓いなのです。什とは本来は十人組という意味ですが、実際には十人とは限らず、七～八人だったり、十二～十三人だったりしたようです。什の構成員が十五～十六人と膨らんだ場合、什はいくつかの伍（五人組の意）に分かれ、伍の集合体となったようです。

什長は、武芸・人徳・統率力のある者が互選で選ばれ、什員の意を体して什員を統率しました。什員は元服して成人すると、会津藩の軍団に組み込まれました。什長が軽輩の家格である場合は、軽輩の什長は上級藩士の養子に迎えられるなどして登用され、やがて藩政に参画しました。これが会津藩の人材登用のシステムです。

戊辰戦争・会津城攻防戦の戸ノ口原の戦いで、暗黒の闇のなかで白虎隊が隊長日向内記とはぐれて孤軍となったとき、白虎隊士篠田儀三郎が、

『不肖ながら私が、いまから指揮を執る』

と名乗り出て白虎隊を指揮したのは、篠田儀三郎が什長だったからなのです」

と。

会津における少年自治

私事にわたるが、東京で生まれ育った私は、小学校卒業と同時に、父の仕事の都合で会津若松へ転居し、中学時代をそこで過ごし、二年後に再び東京に戻った。

私が会津にいた昭和三十五年（一九六〇年）頃、会津には什の名残りがかすかに残っていた。この什の構成員は約二十数人であって、構成員五人位のいくつかの伍によって支えられていた。いま印象に深く残っている一つの伍は「高田組」という、Wを伍長とする五～六人の集団だった。高田とは、会津若松市の西方約十キロにある仏教信仰の盛んな町である。高田はかつて平安時代、京都の藤原氏の支配下にあって、

「仏徳を以て以北の荒夷《あらえびす》を慰撫すべく、京都から高僧が派遣された」

と伝えられ、いまもそうした仏教文化の名残りをとどめている。一方、会津若松は、源頼朝の御家人で三浦半島から移った蘆名《あしな》氏や、越後から入った上杉氏や、徳川一門の会津松平家などが築いた武士の町である。

高田町と会津若松市は、このような異文化関係にあったことから、高田組は会津若松グループに和せず、独自の気風を誇っていた。

高田組の伍長Wは巨漢で、大変な膂力《ひりょく》の持ち主だったが、普段はただニコニコしているだけの少年だった。でもどこか平安時代の僧兵を思わせるような威風があった。その後、彼は医師

になったと聞く。

もう一つの伍は、Sを伍長とする四~五人のグループだった。Sは運動神経が抜群で度胸もあり、喧嘩も強く、異彩を放っていた。

このWやSを率いる什長が本田という少年で、私もその什に属していた。

本田や伍長が身体を張って什員の安全を守ったから、什に入ってさえいれば「いじめ」を受けることはない。

われわれの什では、什長と伍長は「○○さ（さんという意味）」と呼ばれ、幹部は「○○ちゃ（ちゃんという意味）」と呼ばれた。それ以下は呼び捨てである。つまり明らかな階級社会なのだが、この階級は能力主義でなく、什と伍という組織への貢献度によって決まった。

運動や学力など能力が優れていても、組織貢献度が低ければ、下っ端のままなのだ。それらの能力が劣っていても、愛想がいいとか、地味な仕事を黙々とこなす者には「○○ちゃ」の称号が与えられた。

われわれの什の「誓い」は、前述の会津藩校日新館のものとは少し異なり、
一、何があっても、什長に背いてはなりません。
一、什長は、什員の意向を最大限尊重しなければなりません。

一、什長、伍長が他と決闘に及ぶときは、什員・伍員は全員で必ず見守らねばなりません。
一、虚言《うそ》をいってはなりません。
一、弱い者をいじめてはなりません。
一、什内で起きた不祥事は、什長が什員の総意を体して決裁し、大人や教員など他へ漏らしてはなりません。什内の不祥事が什外へ波及したときは、什長はその一切の責任を負わなければなりません。

というようなものだった。これを犯した什員は仲間外れにされ、孤独地獄に陥る。

あるとき、こんなことがあった。

一学年下の什長Fが血相を変えて什員三十余人を引き連れ、われわれの什に攻めかかってきた。そこでわれわれは什長本田のもとに集まり、あわや乱闘、という事態となった。

Fの言い分は、

「われわれの什の一人が上級生にいじめられた」

ということだったらしい。

Fと本田はしばらく睨み合っていたが、やがてFに什員を従え、意気揚々と引き上げていった。どうやら本田が、

「悪かった。俺の顔に免じて、許してやってくれ」

と詫びを入れたらしい。本田は、われわれには何も話さなかったが、以来、われわれが下級生をいじめることは一切なくなった。その後、Fは弁護士になった。

いま、社会的にも話題になっているいじめの問題は、結局、こうした什のような方法でしか解決できないのではないか。そもそもいじめが蔓延するようになったのは、教育機関が子供たちの世界に介入し、「少年自治」を奪ったためである。これからも教育機関が子供たちのいじめの問題に介入するなら、「いじめ」はまったく解決しないばかりかますます深刻化する、と私は思う。

自虐史観からの脱却

私は昭和二十三年（一九四八年）生まれ。八百万人といわれる団塊の世代であり、北山修作詞「戦争を知らない子供たち」の世代でもある。

しかし私は、小学校低学年の頃、父から大東亜戦争について徹底的に叩き込まれたので、戦争を知らない団塊世代のなかでは、特異的に大東亜戦争について詳しい。

父は、司馬遼太郎こと福田定一《ていいち》氏や小野田寛郎《ひろお》少尉らとほぼ同世代である。父の家は多くの田畑を所有する地主だったが、他人の保証人になったことから昭和恐慌で没落し、土地は自食用の田畑と母屋を残して人手に渡った。四人の兄姉は学業を止めて働きに出、末っ子で小学校在学中だった父は小学校卒業と同時に丁稚に出されることが親族会議で決まった。これを哀れんだ四人の兄姉は、働きながら三度の食事を切り詰めて父の学資を捻出し、父は東京帝国大学経済学部へ進学した。しかるに大東亜戦争はいよいよ苛烈となり、昭和十八年（一九四三年）九月、父は繰り上げ卒業の上、学徒出陣した。父の本籍地は第一師団管区だったから第一師団に入営し、二等兵から始めて幹部候補生試験に合格し、少尉になった。

応召した多くの将兵は、戦うために、戦場へ赴いた。しかし第一師団の将兵は、

「死んで、天皇陛下にお詫びするため、戦場に赴いた」

のである。第一師団の青年将校が二・二六事件を起こして陛下の御宸襟《しんきん》を悩ませた、というのが理由である。だから第一師団は、他の師団と異なり、最大激戦地に休む間もなく連続投入され、父の連隊も最後は南方戦線で玉砕した。

日本陸海軍は、それなりに民主的（？）であって、特攻隊については、甲＝特攻を熱望する、乙＝特攻を志願する、丙＝特攻を志願せず後方安全勤務を希望する、の三択から自由意思で選択できた。もっとも丙を選べば、

「貴様、時局を何と心得る！　貴様、それでも日本人か！　腐った性根を叩き直してやる！」

とビンタの嵐となり半殺しの目に遭うから、ほぼ九割の者は乙を選ぶ。しかし、戦意旺盛で熱血の五～十パーセントの者が甲を選び、特攻隊の分隊長・指揮官などに任じられた。

父の所属連隊も同様で、激戦地へ進撃する前には、甲＝戦地第一線を熱望する、乙＝戦地第一線を希望する、丙＝戦地第一線を志願せず後方安全勤務を希望する、の三択から自由意思で選択できた。父は、戦中的価値基準における志操堅固の部類に属したから、

「俺は、甲＝戦地第一線を熱望する、を選択した」

と自慢していた。

父は、高校生（旧制第二高等学校）のとき剣道部に属し、全国高等学校・高等専門学校剣道大会において慶応予科、早稲田予科、拓殖大学予科など私立強豪校に打ち勝って全国優勝したときの正選手（先鋒を務めていた）で、剣道五段を豪語する壮健なる将兵だった。その意味で父は、同じ学徒兵とはいいながら、きゃしゃな司馬遼太郎こと福田定一少尉とは対極の位置にあり、残留諜者だった小野田寛郎少尉のような筋金入りの硬派＝剛直派に属したようだ。そのためか私も、司馬遼太郎氏には違和感を覚える。

父ははからずも、父の連隊がいよいよ運命の南方戦線へ向かうとき、ひとり東京の安全地帯へ戻され終戦を迎えた。これは一体、何を意味するか、ということである。

元禄十五年十二月十四日に赤穂浪人四十七士が旧主浅野内匠頭《たくみのかみ》の仇《かたき》吉良上野介の屋敷に討ち

入り、上野介の首級を取ったあと、足軽寺坂吉右衛門はひとり姿を消して、義挙を内匠頭の未亡人に伝え、さらに後世に伝える残留伝承者となった。

昭和十一年（一九三六年）の二・二六事件のとき、多くの青年将校が銃殺刑となったが、ひとり山本又《また》少尉は軍服を脱ぎ法被《はっぴ》姿に鳥打ち帽の民間人に変装して姿を消し、残留伝承者となった。残留伝承者とは「俺達のことを後世に伝えてくれ」と期待され送り出された者である。

戦中的価値基準において志操堅固の部類に属した父の主張は、当時の政府広報的、「開戦の詔勅」風、渡部昇一風、あるいは「新しい歴史教科書をつくる会」風であって、本書において便宜上、「大東亜戦争肯定史観」と仮称する。父は、小学校低学年の私にこの大東亜戦争肯定史観を徹底的に叩き込んだのだ。歌舞伎の家では、幼児期から踊りを習わせ、幼児期から舞台に立たせるが、これと似た幼児教育だった。

ところが私が小学校高学年になって学校で習った歴史は、東京裁判風、文部省推薦風、日教組風、朝日新聞風、ＮＨＫ風、自虐史観風であって、父から聞いた話とまったく違う。本書において便宜上、これを「東京裁判史観」と仮称する。

私は困惑した。父のいう「大東亜戦争肯定史観」が正しいのか。学校で習う「東京裁判史観」が正しいのか。真実を知りたくなった私は伊藤正徳の『帝国陸軍の最後』に耽溺《たんでき》した。

小学生のうちは、まだよかった。父のいう「大東亜戦争肯定史観」でも、学校で習う「東京

裁判史観」でも、明治維新については、

「薩長の若い志士が立ち上がり、無能な幕府を倒して、輝かしい明治維新を成し遂げた」

という明治維新神話については同一だったからである。

ところが会津の中学校へ行ったら、地元の大人たちは、

「薩長が会津を攻め滅ぼしたことこそが、無謀な太平洋戦争に突入して敗れた原因だ」

というのである。

この三つの相反する主張《テーゼ》を取捨選択・調整融合・止揚《アウフヘーベン》しなければ、私の頭は分裂して壊れてしまう。

よく考えてみると、三つの相反するテーゼの結節点は二・二六事件であるだろう、と思われた。二・二六事件の真相を解明しさえすれば、この三つの相反するテーゼは、

「異なる三本の糸をつむいで、一枚の綺麗な布を織り上げる」

ように調整・融合・止揚されて、統一された一本柱にまとめ上げられ、幕末維新から敗戦まで論理的に段差のない日本近代史が完成するのではあるまいか？

だから私は高校生のとき、文学部国史科へ進学して、

「太平洋戦争突入の最大原因である二・二六事件を中心とした昭和陸軍派閥抗争史」

を研究したい、と思ったりもしたのだ。

このように高校生のときの私は、日本陸軍史の研究に没頭していたので、学業成績は芳《かんば》しいものではなかった。クラス会などで皆から、

「鈴木はあの成績でよく志望校に入れたなあ」

といわれて閉口することたびたびである。でも私だって浪人の一年間は、日本陸軍史の研究を封印して、受験勉強に没頭した。その集中力はわれながら大したものだったと思う。池田謙吉作詞「走れコータロー」のように、第四コーナーからピッチを上げて、居並ぶ名馬をごぼう抜きした。中学・高校でぶらぶらしていたから、第四コーナーでラストスパートをかける余力が貯まっていたらしい。

「陛下、お願いいたします」

大学剣道部で二年先輩のY氏は文学部の哲学青年だったのだが、ある日突然、われわれの前から姿を消した。そして一年後、げっそり痩せた姿でわれわれの前に現われ、

「哲学に没頭していたら無性に法律家になりたくなってね。司法試験に受かったよ」

といった。われわれは驚いて、

「えッ、一年で司法試験に受かったんですか？」

と聞いたら、Y先輩は、

「試験なんて集中力なんだよ。集中力さえあれば、どんな試験だって合格するさ」

といって笑った。Y先輩はその後、検事になって難事件を次々に解決した、と聞く。

選抜試験には、こういうタイプの合格者が一割はいるように思う。このタイプは、道草を食っているため思考に幅があり、集中力があって呑み込みが早い。応用力を発揮して難問を解決するのは、こういうタイプなのだ。私と最もウマが合うのは、このタイプである。第三コーナーまでの平均点と内申書を重視する教育改革なるものは、ドングリの背比べを量産するだけで、教育改悪という結果に終わるだろう。

私と父の間には軋轢があった。私の主張は、

「伝承は父自身が執筆なり講演を通じて行なうべきだ。なぜ私に託すのか。私は迷惑だ」

ということである。これに対する父の主張は、

「廃墟となった日本を、いまは何はともあれ、経済復興せねばならない。伝承はお前に頼む」

ということである。私は結局、身内の父のことはすっ飛ばして、

「後世への伝承を父に託して南方戦線で玉砕した父の戦友たちの代弁を勤めよう」

と決心するに至った。父が自ら伝承を行なわない以上、私が継承しなければ、父の戦友たちの思いは無に帰すからである。死人に口なし、ではあまりにも哀れだ。

最近、靖国神社に関する議論が迷走している。第一師団戦没者の思いを代弁するなら、「靖国神社とは、天皇陛下の名のもとに死を強制された者たちを鎮魂する社である」ということであって、お国のために戦って、ということではない。そうではなく、「第一師団将兵は、死んで陛下にお詫びすることによって二・二六事件の罪業を赦され、靖国に祀られて、晴れて天皇陛下の御親拝を受けるのだ」

ということだった、であろう。

石原慎太郎氏は産経新聞二〇〇四年八月二日付に「陛下、お願いいしたます」と題して天皇陛下の靖国神社参拝を熱願する一文を載せているが、陛下の御親拝は下々からお願いすべきことではなく、当然のごとくに行なわれるべきものではなかろうか。

靖国神社が皇居のすぐそばに置かれたのは、陛下が御病弱でも御高齢でも、御親拝に御無理がないためだろう。天皇陛下の最大の御公務は靖国御親拝ではないのだろうか。

南方戦線で玉砕した父の連隊の戦友たちが、父を介して後世に伝承したかったことは、こういうことだったのだ、と私は思う。

西郷は無参禅師に師事する

少し余談が過ぎた。

さて、若い頃の西郷にこういう話がある。西郷二十一歳が、高僧と評判の高い無参禅師（島津藩主菩提寺福昌寺の第六十七代住職）に師事しようと、無参の門を叩いたときのことである。西郷は福昌寺（曹洞宗）を訪れて寺の小僧に取次ぎを頼んだが、一刻（二時間）待っても二刻待っても何の返事もない。しびれを切らした西郷が僧堂へ進むと、無参和尚は方丈で香煙のなか数珠《じゅず》をまさぐり端座している。西郷は鄭重に挨拶したが、無参和尚は金仏のように黙々と端座するままだ。

禅宗はなかなか新参の入門を許さず、断られても断られても懲りずに教えを乞おうとする者、待たされても待たされても忍耐強く入門を求める者のみに、入門を許すらしい。

無参和尚は、西郷の覚悟のほどを推し量っていたのである。

その頃の西郷といえば、一面では純真無垢、他面では直情径行・浅慮・単細胞・感情過多。しかも、

「事実の相当因果関係を自ら確認することなく、勝手な思い込みによって、誰かを敵と目して憎み、完膚なきまでに打滅しようとする野蛮性」

をも、併せ持っていた。

入門が許されないばかりか相手にもされないことにかんしゃくを起こした西郷は、拳を振り固めて無参和尚の坊主頭を一撃しようとした。その刹那、

「喝！」

と鋭い一声がして、西郷は何かに打たれたかのように膝を折った。無参和尚は、

「禅は、振り上げた一拳の刹那にあるのじゃ。お分かりかな」

と諭し、また瞑想に入った。

西郷はのちに、

「一喝されて、はっと思った瞬間、豁然《かつぜん》として光明の天地が開け、宇宙を狭しとする気持ちが躍るように胸中にみなぎった」

と述べている。こうして西郷は入門を許され、無参和尚から禅を学ぶことになった。

お由羅騒動

西郷はもとより、薩摩藩の家臣たちを苦悩させたのが島津斉彬と島津久光の軋轢である。

薩摩藩第十代藩主島津斉興《なりおき》には、正室弥姫《いよひめ》（鳥取藩主池田治道の娘）が産んだ長男の嫡子斉

彬と、側室お由羅《ゆら》（江戸の町娘）が産んだ三男の久光がおり、この二人が後継藩主の座を争った。

正室弥姫は輿入れしたとき、嫁入り道具として『四書五経』『左伝』『史記』などを大量に持ち込み、薩摩藩の奥女中らや家臣たちを驚かせたという。また和歌や漢文にも通じ、多くの作品を残し、賢夫人と尊敬された。

弥姫は文化六年（一八〇九年）に長男斉彬を産み、文化八年（一八一一年）に次男斉敏（備前岡山藩三十一万石の養子に迎えられ第七代藩主となる）を産んだ。弥姫は、子育てを乳母に任せず母乳を与えて育て、子供たちに自ら『四書五経』『左伝』『史記』を説いて聞かせ、藩主になるにふさわしい英才教育を施した。この英才教育が功を奏して、のちに斉彬と斉敏は名君と称されるようになる。ところが弥姫は、文政七年（一八二四年）、三十二歳の若さで死去した。

一方お由羅は江戸の町娘で、江戸薩摩藩邸に奉公していたとき斉興に見初《みそ》められ側室となったが、江戸藩邸には正室弥姫がいたため、お由羅は薩摩に置かれた。斉興の寵愛は深く、お由羅は参勤交代のたびに斉興に連れられて薩摩と江戸を往復した。文政七年に正室弥姫が死去すると、久光の生母だったお由羅は御国御前《おくにごぜん》と呼ばれて正室同様の待遇を受けるようになり、息子久光の藩主就任を念願するようになった。

このため弥姫が健在であれば、お由羅騒動は起きなかっただろう、とも思われる。

お由羅騒動が生じた嘉永二年（一八四九年）、斉彬は四十一歳、久光は三十三歳だった。

島津斉彬は、文化六年（一八〇九年）三月十四日、島津斉興の長男として江戸薩摩藩邸で生まれた。温良恭謙《きょうけん》ながら大胆で、和漢洋の学問に通じ、とくに洋学に興味を持ち、蘭癖《らんぺき》ありとされ、才智より道徳を重んじる気風があった。これは弥姫の英才教育の賜物ともいえ、斉彬は三百諸侯中並ぶものなき人傑と評され、老中阿部正弘や水戸藩主徳川斉昭《なりあき》ら多くの進歩派グループと交際を深めた。とくに老中阿部正弘は斉彬を高く評価し、斉彬の早期の薩摩藩主就任を願った。

当時、日本各地で外国船が漂着・襲来する事件が頻発しており、住民がこれに巻き込まれることが多々あったので、老中阿部正弘は、

「斉彬は頻発する外国船の漂着・襲来事件について幕府が対応策を立てる際の助言役として重要である。西洋事情にうとく無能な現藩主斉興はさっさと引退して、海外事情に明るい斉彬に藩主の座を譲るべき」

と望んだのである。

斉彬と久光

薩摩藩内で斉彬を支持したのは、御船奉行高崎五郎右衛門、町奉行近藤隆左衛門、鉄砲奉行

山田一郎左衛門、槍奉行赤山靭負《ゆきえ》や江戸詰家老島津壱岐《いき》ら上級藩士や、若手下級藩士のなかで「長子相続が道理」との朱子学的大義名分論を唱える者たちだった。彼らは壮年になった斉彬に斉興がいつまでも家督を譲らないことに不満を強めていた。

江戸生まれの嫡子斉彬は、ほとんど藩地薩摩へ入らなかった。参勤交代制度の下では、大名の正室・嫡子らは人質として江戸に留め置かれたからである。このため斉彬は、国元における地盤が脆弱だった。

斉興が嫡子斉彬に家督を譲らず藩主の座に居座り続けたため、斉彬は薩摩藩の世子（後継藩主予定者）という立場のまま四十歳を過ぎた。この時代、嫡子が元服すれば、藩主の座を譲って隠居するのが通例であったから、このような事態は異常だった。

このことが薩摩藩を二分する抗争に発展するのである。

島津斉彬

一方、久光は文化十四年（一八一七年）十月二十四日に鹿児島で生まれ、鹿児島で育ち、文政八年（一八二五年）に島津家一門筆頭の重富島津家へ養子に入った。名門重富家の養子となれば次期藩主の地位を狙える立場である。久光は筆頭家老島津久徳、吉利仲、伊集院平ら斉興側近の家臣団に支えられ、彼らは久光の擁立を強く望んだ。

実は、斉彬は多くの子供をもうけたが、ほとんどが幼少期に死亡し、残ったのは四男篤之助と五男虎寿丸と女子三人だけだった。ところが篤之助も嘉永二年（一八四九年）六月に二歳で夭逝《ようせつ》する。

すると斉彬派の家臣らは、

「篤之助の夭逝は、お由羅が呪詛《じゆそ》したことが原因である」

と激昂してお由羅および久光派を排斥しようとし、両派は一触即発の形勢となった。

そこで斉興、お由羅、久光は機先を制し、同年十二月、斉彬派の藩士らを逮捕。御船奉行高崎五郎右衛門、町奉行近藤隆左衛門、鉄砲奉行山田一郎左衛門、槍奉行赤山靭負のほか江戸詰家老島津壱岐ら十四人が切腹、五十余人に遠島・謹慎の処分が下された。また、これに関わる多くの者が自決した。重臣高崎五郎右衛門が切腹となったこの事件を「高崎崩れ」ともいう。

こうして多くの有為な家臣団を失った斉彬の襲封は絶望的、と見えた。

血染めの衣

このとき西郷隆盛の父吉兵衛は日置島津家の用達《ようたし》を務め、日置島津家の次男赤山靭負二十七歳の御用人として、靭負の切腹に立ち会った。五歳年下の隆盛に目をかけていた靭負は、切腹のとき着用した血染めの衣を隆盛に託すよう遺言し、西郷は終夜それを抱きながら泣いたという。

この後、赤山靭負の末弟桂久武は、西郷と肝胆《かんたん》相照らす仲となり、やがて薩摩藩の家老となり、西南戦争で西郷軍に身を投じて城山で戦死する。

大久保利通も「高崎崩れ」に連座して記録所書役助を免職となり、琉球館掛を勤めていた父利世は鬼界ヶ島へ遠島となった。西郷は「高崎崩れ」ののち、朱子学の入門書である『近思録』を輪読する会を大久保利通・税所《さいしょ》篤・吉井友実・伊地知正治・海江田信義らと始めた。このメンバーが西郷を盟主とする精忠組を結成する。

この騒動中、難を逃れた斉彬派の藩士四人が脱藩し、斉興の叔父にあたる福岡藩主黒田斉溥《なりひろ》のもとへ駆け込み、助けを求めた。すると事情を察知した黒田長溥は出府し、老中阿部正弘に事態の顛末を伝えた。驚いた阿部は、

「お家騒動の原因は、斉興がいつまでも家督を嫡男斉彬に譲らないため」

と将軍家慶《いえよし》に訴え、家慶は斉興に、

「多年の功績を賞する」

として、朱衣《あけのころも》と茶器（かたつき茶入）を下賜した。これは、

「家督を嫡男斉彬に譲って隠居し、赤いチャンチャンコでも着て、茶などたしなむがよい」という暗示である。

さすがの斉興も観念し、嘉永四年（一八五一年）一月に隠居、二月二日に斉彬が薩摩藩第十一代藩主に就任した。ペリー来航（嘉永六年六月）の二年前のことである。

老中阿部正弘は、国難を予知し、人材を着々と揃えていたのである。

薩摩藩第十一代藩主島津斉彬

「高崎崩れ」で斉彬派の多くの上級武士が殺されたため、斉彬は累が及ばなかった若い藩士のなかから有能な人材を発掘して登用するしかなかった。

斉彬は報復による人心の動揺を避けるため、久光派が占める藩の上層部人事はすべてそのまとして手を触れず、人事でなく、政策において、新味を打ち出すことにした。

斉彬は士道奨励、産業振興、軍備充実、農民生活安定などに意を用いて、藩の富国強兵にも努めた。嘉永四年（一八五一年）七月には天保山調練場で大小砲の調練を検閲し、銃砲の洋式化、洋式築城書を手本にした城下および沿岸各地の砲台整備に着手。また同年七月、土佐の漂流民でアメリカから琉球に送られてきた中浜万次郎（ジョン万次郎）を招き藩士に英語や造船

法を教えさせた。また斉彬は、

「窮理《きゆうり》（物理学）と舎密《せいみ》（化学）は経済の根本なり。経済の基礎はこの二字より立つるべし」

との持論を述べて、嘉永五年（一八五二年）、島津家の磯邸内で反射炉・溶鉱炉の建設を開始。さらに硫酸、塩酸、硝酸、綿火薬、機雷、地雷、ガラス、陶磁器、ガス灯の製造などの、いわゆる集成館事業を興した。

こうしたさなかの嘉永六年（一八五三年）六月、ペリー艦隊が浦賀へ来航した。

折衝に当たった老中阿部正弘は海軍力の必要性を痛感し、大船建造禁止令を解除して、洋式帆走軍艦の国産化に取り組み、八月八日に水戸藩に旭日丸の建造を、九月八日に浦賀奉行に鳳凰丸の建造を命じた。鳳凰丸は安政元年（一八五四年）五月十日に完成する。なお二番目は、水戸藩の旭日丸の予定だったが、斉彬が昇平丸をひと足先に完成させ幕府へ献上した。二番手の競争に負けた水戸藩主徳川斉昭は、江戸の高輪沖へ回航された薩摩藩の昇平丸を見て、悔しがるどころか、

「備えする名は高なわの戦《いくさ》ふね、聞きしにまさる造りとぞ見る」

との和歌を詠んで出来栄えを賞賛した。水戸の斉昭は、意外と男らしいさっぱりした性格だったようだ。

さらに斉彬は安政元年（一八五四年）、帆船用帆布を自製するため木綿紡績事業を興して木

造帆船を造り、それに蒸気機関を搭載し、日本初の国産の外輪式蒸気船・雲行丸を翌年八月二十三日に完成させ、江戸薩摩藩邸前の江戸湾で試運転を披露した。

斉彬の集成館事業は、「舶来品・舶来技術の国産化」という近代日本産業発展史のさきがけとなる意義深いものであり、「単なる洋風化」と皮相的に見ることは当《とう》を得ていない。

西郷のデビュー

安政元年（一八五四年）一月、斉彬は藩主就任後、初めてとなる参勤交代のため鹿児島を発った。斉彬の行列が藩境の水神坂上で休止したとき、茶屋で休憩していた斉彬はいきなり「西郷吉之助はどこにいるか」と供侍に尋ねた。供侍は巨大な体躯の男を指差す。斉彬は、「其の（西郷の）眼光炯々《けいけい》として人を射るを見て凡人に非ず」（『南洲手抄言志録』）と見て取り、その場で抜擢した。

西郷隆盛の面目躍如たるスタートである。

西郷は嘉永五年（一八五二年）に父母の勧めで伊集院兼寛の姉須賀《すが》と結婚したのち、同年九月に父吉兵衛が死去。翌年二月に家督相続を許され、引き続き郡方書役助を務めていたが、たびたびの藩庁への意見書が認められて中小姓に取り立てられて定御供《じょうおとも》となり、このたびの江戸への行列に従っていたのである。

西郷が三月六日に江戸薩摩藩邸へ入ると、先着していた海江田信義、税所篤らに迎えられた。西郷はそのまま江戸詰となり、翌四月、「庭方役」を拝命した。庭方役とは、つねに藩主の身辺に控え、他藩主へ内密の文書を届けたり、重要なメッセージを伝えたりする役目（西洋風にいえばクーリエ）である。

島津斉彬は、松平春嶽（越前藩主）、山内容堂（土佐藩主）、伊達宗城（宇和島藩主）とともに幕末の四賢侯と称された開明派大名であり、西郷は斉彬の身近にあって直接教えを受け成長していくのである。

なお、「高崎崩れ」で免職となった大久保利通は嘉永六年（一八五三年）に許されて蔵役という役職を与えられ、父利世も翌年七月に遠島を赦免《しやめん》された。

名君の教え

藩主就任競争に一敗地にまみれたお由羅・久光派は、その後も何かと画策し、騒動は鳴りやまなかった。この抗争は、斉彬の五男で世子の虎寿丸六歳が安政元年（一八五四年）、疫痢《えきり》に罹《かか》ると急展開する。

西郷は、虎寿丸の発病はお由羅・久光派の呪詛によるものと信じ、江戸薩摩藩邸に近い目黒不動尊へ参詣して昼夜を問わず平癒を祈ったが、効なく虎寿丸は同年閏七月に死去。西郷は、

「思へば、髮冠《はつかんむり》をつき候」

すなわち、怒髪天を衝く怒りと憎しみをお由羅・久光派へ向け、彼らを粛清すべく、同志の海江田信義らを帰藩させようとした。

虎寿丸が死去したのはあくまでも育児衛生の不備によるものであって、お由羅・久光派とは何の関係もない。しかし西郷は勝手に邪推し、同志を帰藩させ、お由羅・久光派を成敗しようとしたのである。西郷に誤解されたお由羅・久光派としては、たまったものではない。ここが西郷という男の浅慮で未熟な一面なのだ。

こうした西郷の言動について、薩摩出身で西郷と交わった歴史家重野安繹《やすつぐ》は、

「西郷は度量が偏狭であり、あえて敵を作り、その憎悪を覇気の源泉にしている」

と難じ、斉彬の側近だった市来四郎も、

「西郷はひとたび憎めば執拗に固執し、豪傑肌ではあるが、君子ではない」

と酷評している。西郷のこの悪い癖は一生涯治らない。

だが、斉彬は冷静だった。

斉彬は西郷を召して、

「世嗣のことでまたまた同じ事を繰り返してはならぬ。いまは、外は夷人の来たり迫らんとするあり。内は幕府と諸侯との間に反目がある。しかも帝の権威は立たず、政権の出るところが一つでない。そのことをよく承知しているはずのその方までが、さようなことを企むとは合点がまいらぬ」

と訓戒し、

「病気は、呪詛ではなく、病理によって生じるのだ」

という西洋医学の合理性を教え、

「呪詛・調伏には何の力もない」

ことを説いた。

さらに斉彬は西郷に、

「自分は、幕府と外様が対立する現状を憂えており、幕府と三百諸藩が一体となった国を作り上げたいと思っている。しかるに自分の足許の薩摩藩が内部抗争で分裂するのでは話にならない。志あるその方は、藩内の勢力争いなどに関わるべきではない」

と懇々と諭した。

西郷は斉彬の言葉に従い、同志らも従った。

斉彬が虎寿丸の死去後、六男の哲丸を世子にしたいと願うのは、人情である。だが斉彬は久光派に配慮し、久光の長男、忠義を自分の養子に迎えて世子に据えた。

あくまでも斉彬は、久光派との融和を願ったのである。

また斉彬は、将軍家との関係も深めた。

斉彬は、妻に先立たれていた第十三代将軍家定が、薩摩藩から正室を迎えるよう、阿部正弘と図った。斉彬は花嫁候補として、島津家一門、島津忠剛《ただたけ》の娘篤子（のちの篤姫）に白羽の矢を立て、自分の養女とし、さらに右大臣近衛忠熙《ただひろ》の養女に出してハクをつけた上で、安政三年（一八五六年）十二月、将軍家定の御台所《みだいどころ》として入輿《じゅよ》させた。

なお西郷が江戸詰となったのちの鹿児島の留守宅では、家計が大いに苦しくなり、西郷の妻須賀は貧窮に打ちひしがれた。これを見かねた実家の伊集院家が安政元年（一八五四年）十一月に須賀を引き取って離縁となった。しかし西郷は終生、これを後悔したという。

第三章　一橋慶喜の擁立を目指した斉彬と西郷

阿部正弘が慶喜を将軍候補として抜擢

開国へ道を開いた中心人物は老中阿部正弘である。

阿部は弘化二年（一八四五年）九月に首席老中となり、第十二代将軍家慶、第十三代将軍家定に仕え、幕政を統括した。阿部が憂えたのは、アヘン戦争（一八四〇年〜一八四二年）に見られる西欧列強のアジア侵略が深刻化したことである。

たび重なる外国船来航への対応に追われた阿部は、弘化二年に海防掛を常設とし、自身のほかに老中牧野忠雅、若年寄大岡忠固《ただかた》、若年寄本多忠徳を任じて外交・国防問題に当たらせた。

そもそも海防掛とは、寛政四年（一七九二年）にロシアのラクスマンが通商を求めて来航したとき、海防の重要性が認識され、「寛政の改革」を推進した老中松平定信が海防掛となったのが最初である。その後しばらく海防掛は有名無実の役職だったが、アヘン戦争を契機として老中水野忠邦が天保十三年（一八四二年）、松平定信の次男で松代藩主の老中真田幸貫《ゆきつら》を海防掛とした。これが松代藩士で洋学者の佐久間象山が世に出るきっかけとなる。

阿部が海防掛を常設として対外政策の準備に追われているさなかの弘化三年（一八四六年）、アメリカの東インド艦隊司令長官ビットル提督がコロムバス、ヴィンセンズの軍艦二隻で浦賀沖へ現われ、浦賀奉行に、

「来航の目的は日本が通商を開始する意思があるかどうか、打診するためである」

と通告した。これに対し阿部の意を受けた浦賀奉行は、

「新たに外国と通信・通商を行なうことは国禁である。外交は長崎にて執り行なう」

と回答、ビットル提督はそれ以上の交渉を中止し、艦隊は静かに江戸湾から退去した。

とりあえずは一難去った、といえるが、阿部は、

「ビットルの来航は、大乱世の序章である」

と捉えて警戒を怠らなかった。

一方、アメリカでは、阿部が懸念したように、

「ビットル提督の態度は軟弱であり、行動が緩慢であり、用意周到でなかった」

という厳しい批判の声が上がり、

「一大艦隊を派遣して、日本に開国を迫るべし」

との意見が強く起こった。とくにアメリカ軍艦プレブルの艦長グリンは、

「地形から見て日本には良好な港湾が多く、良質な石炭を多量に産出するから、太平洋横断定期航路を開設するにあたって、日米通商条約の締結が必要である。このことは早晩着手すべきであり、平和的手段で成功しないときは、武力に訴えてでも成就すべきである」

と力説。こうした穏やかでない世論がアメリカ政界に沸き上がった。

アメリカは、ビットルの失敗を繰り返さぬよう、弘化三年に始まった米墨戦争《べいぼく》（一八四六年～一八四八年）に勝利してメキシコからカリフォルニアを得ると、対日政策に本腰を入れる。

その頃の日本には、阿部正弘のほかにもう一人、時局を憂え、欧米の軍事的圧力を憂慮する男がいた。それが御三家水戸の徳川斉昭である。

欧米の圧迫からいかに日本の独立を守るか悩み抜いた斉昭がついに得た結論は、

「これまで幕政の埒外に置かれていた外様大名をも政権運営に参加させて、幕府と諸藩が一致団結して国難に立ち向かい、わが日本国の独立を守るべし」

ということだった。

徳川斉昭は、弘化三年（一八四六年）七月二十八日、阿部正弘に書簡を送り、

「東照宮（徳川家康）以来、徳川の天下にてはそうらえども、天下は天下の天下にそうらえば、日本の安危に関わりそうろうに……」（『弘化三年七月二十八日阿部正弘宛書簡』）

と述べ、日本が独立を保つには、

「外様大名をも政権運営に参加させて、日本国の国家独立を守るべきである」

との考えを伝えた。

これによって阿部正弘と徳川斉昭は意気投合した。

のみならず阿部は、幼少ながら斉昭の七男慶喜の英邁さにも注目し、慶喜を引き立てて後継将軍候補とした。斉昭にしてみれば、長男慶篤の病死などに備えて慶喜を他家へ養子に出さなかったことが幸いしたのだ。

現下の外圧に対抗するには、まず人材、とくにトップ人事、すなわち将軍が英邁であることが求められる。家慶、家定と二人の将軍に仕えた老中阿部正弘は誰よりもこのことをよく分かっていた。

阿部は弘化四年（一八四七年）八月一日、水戸藩に、

「慶喜（当時は七郎麿）を御三卿《ごさんきょう》一橋家の世嗣とする」

よう命じた。御三卿とは一橋家・田安家・清水家の三家であって、将軍に後嗣がない際に次期将軍を出す役割を担っていた。七郎麿が一橋家の世嗣となれば、それは、将軍の後継候補になったことを意味する。七郎麿は同年九月一日に一橋家を相続し、十二月一日に将軍家慶から慶の字を賜わって慶喜と名乗った。一橋慶喜のスタートである。このように慶喜は、阿部の強い意向により、次期将軍の有力候補者となったのである。

幕末当時、三百諸侯といって、わが国には三百余の大名がいたが、彼らの大半は徒食と安穏《あんのん》の日々を送るだけだった。そのなかで国防問題に関心を寄せ、一家言を持っていたのは薩摩藩の島津斉彬、佐賀藩の鍋島閑叟《かんそう》、宇和島藩の伊達宗城らであったのだが、なかでも群を抜いて

国防の見識を誇り、尊皇攘夷を唱えたのが、徳川斉昭である。

ペリーの要求

嘉永六年（一八五三年）六月三日午後五時頃、ペリー艦隊の黒船四隻が浦賀沖に現われ投錨した。驚愕した浦賀奉行は与力中島三郎助を艦隊に派遣し、

「貴艦は退去すべし。外交問題は長崎で執り扱う」

と説明させたが、ペリー艦隊の副官コンティ大尉は中島三郎助の退去要求を拒否し、

「浦賀でのアメリカ大統領国書の受取日と受領者を決めるよう」

強く要求した。

翌六月四日朝、浦賀奉行所与力香山栄左衛門が奉行と称して旗艦サスケハナを訪れ、艦長ブキャナン中佐と参謀長アダムス中佐に、

「大統領国書を浦賀で受け取ることはできない。艦隊を長崎へ回航してもらいたい」

と要請したが、彼らは、

「大統領国書はこの浦賀で渡す所存である。日本側が受け取らないなら兵力を率い、江戸へ出向いて将軍に直接国書を奉呈する。日本が鎖国を墨守するなら、アメリカは武力を以て天理に

背く大罪を糾《ただ》すから、日本は防戦すべし。日米開戦となればアメリカが勝つ。その際、和睦を乞いたければ、この白旗を掲げよ」

と言い放って香山栄左衛門に白旗二流を渡した。

報告を受けた阿部が国書受け取りについて斉昭に相談すると、斉昭は、

「撃攘必ずしも可なりと謂《い》うべからず。幸いに我勝ちて彼退くも、日本の近島を奪うや必せり。衆議の後、之を決する外なし」

すなわち、

「皆が了解するなら、あなたがアメリカの国書を受け取っても、自分は反対しない」

といったのである。

尊皇攘夷派筆頭の徳川斉昭が理解を示したとなれば、反対する者は誰もいない。阿部は浦賀奉行所に、

「この上御拒絶に相成り候わば、いかようの不法に及び候やも計り難し。阿片騒乱《あへん》の先蹤《せんしょう》もこれあり。容易ならざる御国難につき、書翰《しょかん》は浦賀表において受け取るよう」

との通達を出し、浦賀奉行井戸岩見守弘道と戸田伊豆守氏栄《うじよし》が六月九日に久里浜でアメリカ大統領国書を受け取った。目的を果たしたペリー艦隊は「来年四月か五月に日本を再訪問する」と告げて、三日後、江戸湾から去った。

勝海舟の登場

アメリカ大統領国書は、昌平黌の林大学頭に渡されて和訳された。その主な内容は、

「今次ペルリを日本へ遣わすは、合衆国と日本は互いに親睦し交易すべきを告げ知らしめん、と欲するにあり」

というものだった。阿部はさっそくこの和訳文を諸大名に回覧し、

「アメリカの開国・通商要求について、思う存分のことを述べるよう」

と、広く意見を求め、朝廷にもこの事態を報告した。さらに阿部は幕臣や各藩士のみならず一般庶民にも、良い意見があれば申し出るよう布告した。

阿部の諮問に対し、諸藩から約二百五十通、幕臣から約四百五十通、さらに江戸市民からも数通の意見書が出された。意見書の多くは、

「アメリカの要求は断然拒絶すべきだが、アメリカに対抗する軍備はないので、確答を引き延ばして時間を稼ぐのがよい」

とか、

「戦争になれば勝ち目はないから、年限を定めて交易を許すのもやむを得ない」

などというもので、これらが多数意見だった。

このとき幕府小普請《こぶしん》組四十俵という微禄の幕臣だった勝海舟（当時は麟太郎）は、「人材を登用し、武備を整え、大船を作って海外に出《で》貿易（国内ではなくルソン島辺りで日米が交易を行なうやり方）すべし」

との意見書を出して注目された。勝海舟の登場である。

勝海舟の曽祖父銀一は越後国長鳥村の貧農の家に生まれた盲人で、江戸へ出て盲人に免許されていた高利貸しで巨万の富を得て検校を買官し「米山検校」を名乗り、末子の平蔵に旗本男谷《おだに》家の株を買い与えた。平蔵の三男小吉は微禄の幕臣勝家四十俵の養子に入った。この小吉が勝海舟の父である。勝海舟は文政六年（一八二三年）に江戸本所亀沢町で生まれ、十代の頃から島田虎之助に剣術と禅を学んで直心影流剣術の免許皆伝となり、十六歳の天保九年（一八三八年）に家督を継ぎ、弘化二年（一八四五年）から蘭学者永井青崖《せいがい》に弟子入りして蘭学を学んだ。この蘭学修行中に辞書『ドウーフハルマ』を一年かけて二部筆写し、一部は自分が使用し、一部は売って金を作った（これは海舟が二十五歳のときのことである）。その後、嘉永三年（一八五〇年）、赤坂田町に蘭学と西洋兵学の私塾「氷解塾」を開き、その名が知られるようになった。

日米和親条約の締結

ペリーが江戸湾から去って十日後の嘉永六年（一八五三年）六月二十二日、第十二代将軍家慶が死去し、家定三十歳が第十三代将軍となった。これを機に、老中阿部正弘の意を受けて一橋慶喜を後継将軍に据えようとする「一橋派」と呼ばれる勢力が台頭した。そのなかで最も活発に動いたのが越前藩の松平春嶽である。春嶽は家定を、

「凡庸のなかでも最も下等」

と酷評した。確かに家定は病弱で、幼少期に患った疱瘡のため顔にあざがあり人前へ出るのを嫌い、乳母の歌橋にしか心を開かなかった。さらに家定には身体能力に軽度の障害があったため武芸を好まず、もっぱらカステラなどの洋菓子作りを趣味とし、煮豆やふかし芋などを作っては家臣に振る舞ったりした。西洋伝来のカステラを作るには、材料分量・含水率・加熱量・加熱時間などを理解する必要があるため、一応の能力の持ち主だったと思われるのだが、春嶽は家定を「イモ公方《くぼう》」と呼んで馬鹿にしたのである。家定にしてみれば、

「イモ公方で悪かったな！　民百姓は自分で耕した農作物を食べているんだッ。民百姓に寄り添う為政者が、自分の食べ物を自分で調理するくらい当たり前だろッ。お前なんかまったくただの無芸大食じゃないか！　バーカ！」

と思ったことだろう。ちなみに家定の奥小姓で長崎奉行、外国奉行、勘定奉行などを歴任した幕臣朝比奈昌広は、明治になってから、

「家定は凡庸だ暗愚だといわれるが、三百諸侯のなかには同程度の大名がいっぱいいいた」

と弁護している。

いずれにせよ春嶽は、家定が第十三代将軍になったわずか一カ月後の嘉永六年七月二十二日に斉彬に、八月十日に阿部に、慶喜擁立の意思を伝えたのだ。これに対して斉彬は、

「自分は外様だから表には出ない。裏面から支援する」

と伝え、阿部は、

「同意するが、重要な問題だから、くれぐれも他言せぬよう」

と念を押した。

だが案の定、春嶽が家定の将軍就任一カ月後に早くも慶喜擁立運動を開始したことは、新将軍家定の不興をかう結果となった。春嶽は事を急ぎ過ぎたのである。

少才を誇った春嶽のこの軽挙妄動が、やがて、幕府瓦解、王政復古という幕末の大混乱を引き起こすことになる。

政局の最優先課題は、将軍継嗣問題ではなく、開国という外交問題である。

春嶽はこのことを理解しなかったが、阿部はよく分かっていた。

だから阿部は将軍継嗣問題を後回しにし、開国という外交問題の解決を最優先としたのだ。

このことこそ、阿部が名宰相といわれる証左なのである。

阿部は各層から意見を徴する一方、従来からの譜代大名による幕府独裁制を改め、御三家代表の前水戸藩主徳川斉昭を幕政参与に、親藩代表の越前藩主松平春嶽と外様代表の薩摩藩主島津斉彬を自身の相談相手に任じ、全員参加型の民主的挙国一致体制を確立して、

「開国やむなし」

の合意を積み上げようとしたのである。

もし松平春嶽のように、開国という外交問題に将軍継嗣問題を絡めたら、政局はグチャグチャになって混迷を深め、何ら成果を得られなかっただろう。阿部は将軍継嗣問題を脇に置いて、まず開国という外交問題を仕上げたのである。

ここにも阿部の円熟した政治的力量が窺われる。

ペリーが安政元年（一八五四年）一月十六日に再び来航すると、横浜村で日米交渉が始まり、同年三月、下田・箱館開港、薪水・食糧供給などを定めた日米和親条約が調印された。阿部正弘三十六歳のときのことである。

なお、鹿児島にいた斉彬が最初の参勤交代で鹿児島を発った安政元年一月二十一日はペリー再来日の五日後、斉彬が藩境で引見した西郷を伴って江戸に到着した三月六日は日米和親条約

調印の三日後である。

勝海舟が長崎海軍伝習所に入学

阿部正弘は、条約交渉と並行して「安政の改革」という幕政改革に着手し、講武所を設置して武芸を奨励したり、蕃書調所《ばんしよしらべしよ》を開設して外国知識の吸収に努めたりした。

さらに阿部は「人材登用」に取り組み、牢固たる身分制度のなかから川路聖謨《としあきら》、江川太郎左衛門、水野忠徳、永井尚志《なおゆき》、大久保一翁、岩瀬忠震《ただなり》、井上清直らを取り立て、彼らを海防掛に任じた。なお海防掛は、安政五年（一八五八年）に外国奉行が設置されると業務を譲って、発展的に解消される。

さらに、ペリー来航後、江川太郎左衛門の指導のもと江戸湾に御台場が建設され、大坂湾岸や箱館にも砲台が築造され、大砲、小銃製造のため伊豆韮山《にらやま》に反射炉が建設された。

そして阿部が着手した最大の事業が「幕府海軍」の創設である。

阿部は、ペリー艦隊初来日の直後、将来に備え、洋式軍艦の「国産化」とオランダからの「輸入」の両方を同時に行なった。

洋式軍艦の「国産化」については、前述のとおり、八月八日に水戸藩に旭日丸の建造を、九月八日に浦賀奉行に鳳凰丸の建造を命じた。なお旭日丸は、水戸藩が幕府石川島造船所（IHIの前身）で起工し安政二年（一八五五年）に進水式を行なったが、バランスを失して横倒しになった。そのため江戸町民から「厄介丸」と揶揄されながらも、改良を施し、安政三年（一八五六年）五月にやっと完成する。

洋式軍艦の「輸入」については、ペリー初来日の二週間後の嘉永六年（一八五三年）六月十九日、早くも阿部は長崎奉行水野忠徳に下命し、オランダに「帆船軍艦と蒸気商船、各々一隻」を仮発注させた。ところが翌年、オランダ海軍ファビウス中佐から水野に「海軍建設の意見書」が提出され、

一、世界の軍艦は外輪式からスクリュー式に移っている。
二、船体は木造から鉄製に移っている。
三、海軍創設には造船所と海軍兵学校が必須である。

と指摘されたので、水野は先の仮発注をキャンセルし、「時代遅れの外輪船」ではなく、「最新鋭のスクリュー式軍艦二隻」をオランダに正式発注した。これがのちの咸臨丸と朝陽丸である。万延元年（一八六〇年）に咸臨丸が太平洋を横断できたのは、スクリュー式だったからである。

さらに水野はファビウス意見書で指摘された海軍兵学校として、安政二年（一八五五年）十月二十二日、オランダ海軍教師団を招いて長崎海軍伝習所を設立した。

小普請組四十俵の微禄の幕臣だった勝海舟は、ペリー来航時の意見書に注目した目付兼海防掛大久保一翁の知遇を得て、安政二年一月十八日に蘭書翻訳御用となり、さらに七月二十九日に長崎海軍伝習所の第一期生として入学を許され、小十人組百俵へ昇格して出世への糸口をつかんだ。

第十三代将軍家定の後継問題

阿部正弘は、日米和親条約が締結（安政元年三月）され、洋式軍艦の「国産化」と「輸入」が決まり、長崎海軍伝習所が設立（安政二年十月）されて開国問題と海軍建設計画が一段落すると、第二の課題である第十三代将軍家定の後継問題に着手した。

阿部にとって将軍後継問題の優先順位は、まず家定に男児が誕生することである。家定に男児が生まれれば、その子が世子となって将軍後継問題は解決する。慶喜を将軍の継嗣にすることは、家定に男児が生まれない場合の「次善の策」である。阿部は、将軍後継問題についても、優先順位を間違えない手堅い男だった。

家定は第十二代将軍家慶と本寿院（お美津の方）の子で、正室として鷹司政熙《まさひろ》の娘任子《あつこ》や一条忠良の娘秀子を迎えたが、いずれも早世。本寿院は二番目の正室秀子が嘉永三年（一八五〇年）六月に亡くなると間もなく、後妻選びを始めた。選考に当たり本寿院は、ひ弱な公卿の娘を避け、かつて第八代薩摩藩主島津重豪《しげひで》の娘寧姫（広大院）が第十一代将軍徳川家斉の正室となって五男敦之助を産んだ慶事にあやかって、島津家に、

「正室を迎えたい」

と申し入れるのである。そこで斉彬は、前述のとおり、島津家一門、島津忠剛の娘篤姫を候補に決め、嘉永六年（一八五三年）三月に自分の養女とした。

それを受けて阿部は、安政三年（一八五六年）二月二十八日、篤姫と将軍家定の縁組決定を内達。篤姫は同年七月七日に右大臣近衛忠熙の養女となってハクをつけ、本寿院の候補選びから六年目の安政三年十二月十八日に婚礼が執り行なわれ、晴れて家定の正室となった。

天璋院篤姫

だが篤姫の輿入れについて、本寿院と斉彬は思惑を根本的に異にしていた。

本寿院は、薩摩から多産系の娘を嫁に迎えて、男児を産んでもらおうと考えた。

一方斉彬は、輿入れ前、篤姫に、

「将軍家定に、後継将軍として一橋慶喜を指名させるよう努めよ」

といい含めたのである。篤姫の輿入れには、こうした二面性の危うさがあった。

やがて斉彬らの思惑に気づいた本寿院は、

「まだ三十歳の家定に後継者は不要である。家定の後継者は、家定が五十歳を過ぎても子供ができなかったとき、はじめて考えればよい。それよりいまは、篤姫が男児を出産すればよい。それがかなわぬなら、子を産みそうな側室を探す」

と不快感をあらわにした。本寿院の主張は正論である。本寿院と家定が篤姫に望んだことは、早く男児を産むことだったのである。

島津斉彬も松平春嶽に、

「家定と篤姫は夫婦仲が良く、大奥ではお世継ぎの誕生を期待している。こんな時期に継嗣の件を切り出すのはいかがなものか」

と性急さを諫めている。ただ同時に、

「自分は、篤姫が江戸城へ入る前に詳しく申し含めてあるので、切っ掛けさえあれば篤姫は家定に『後継将軍は一橋慶喜を』と話すはずである」（『安政四年四月二日付松平春嶽宛書状』）

と付け加えている。しかし篤姫にとってこれは容易なことではなかったろう。

家定自身も、多産系との触れ込みで男児を産んでくれると期待して迎えた篤姫から、

「あなたに子供はできないから、後継将軍に一橋慶喜を指名なさいませ」

といわれては、目を白黒させて鼻白んだことだろう。

やがて家定は、

「自分はまだ若い。しかも慶喜は自分とほとんど年齢《とし》が違わない。慶喜擁立とは、自分を無能とする者どもが画策しているのであろう。それなのにお前までそのようなことをいうのか」

と篤姫への疑心を募らせ、春嶽・斉彬・慶喜に反感を抱き、憎悪するようになる。

家定は、

「島津斉彬は、自分の寝所にまで刺客（篤姫）を差し向けた」

と思ったようだ。

そもそもこうした軋轢を生んだ原因は、家定の従兄弟にあたり血統が近い紀州藩主徳川慶福《よしとみ》十三歳と、聡明と評判の高い一橋慶喜二十二歳との間に争いがあったからである。

伝統的思考によれば、後継将軍は血統の近い徳川慶福が最有力であることは明白である。しかし前述のとおり、欧米列強のアジア侵略を憂慮した老中阿部正弘や徳川斉昭・島津斉彬・松平春嶽らのなかから、

「従来からの譜代大名による専制政治をやめ、血統はともかく一橋慶喜のような聡明な人物を

新将軍に据え、御三家や有力諸藩による雄藩合議制により難局を乗り切ろう」

という新しい考え方が出ていた。英明の誉れ高く年齢的にも成熟していて将軍にふさわしいと評された一橋慶喜を推した彼らは「一橋派」と呼ばれ、紀州の慶福（のちの家茂）を担いだ井伊直弼らは南紀派と呼ばれた。やがて両派は泥沼の争いに突入する。

幕府はハリスと日米通商条約案を確定

首席老中阿部正弘が日米和親条約を締結したのち、幕府人事に異動があった。

ペリーとの難交渉をまとめた阿部正弘に代えて、安政二年（一八五五年）十月、佐倉藩主堀田正睦《まさよし》が首席老中になり、阿部は引続き老中として残り、堀田の相談役となった。堀田と阿部は協力して、今後一層厳しさが増すと予想される対米交渉に備えたのである。

佐倉藩主堀田正睦は、譜代大名のなかでとくに蘭学に詳しく、「蘭癖」と綽名される西洋かぶれの殿様だった。佐倉藩はもともと開明的で進歩的な藩風で、藩主の堀田正睦も積極的開国論者として注目されていた。こうした人物が首席老中になったことは、幕府の外交方針が一致して開国を選択していたことを示している。

堀田・阿部連立政権は、かつて阿部が登用した俊才のなかから川路聖謨、岩瀬忠震、水野忠徳らを外国貿易取調掛に任命して、日米通商・外国貿易交渉に備えさせた。このときまで幕府は、何ら分裂のきざしのない一枚岩の体制を誇っていたのだ。幕府は、アメリカ総領事ハリスが日米通商条約締結を要求する約二年前に、磐石の備えを整えていたのである。

安政三年（一八五六年）八月、アメリカ総領事ハリスが軍艦サン・ジャシント号で下田へ来航し、玉泉寺に領事館旗を翻した。こうして日米交渉は第二段階に入る。

この頃、清国は滅亡の危機に瀕していた。

すでに清国は、アヘン戦争敗北により南京条約を締結させられ、広東・上海等の開港を約したが、実際にはイギリス人の広東等への入境を認めず、南京条約は不履行の状態にあった。そこに、アロー号事件が起きた。一八五六年（安政三年）十月、清国官憲は、

「船長のみイギリス人で乗組員は全員清国人のアロー号はアヘン密輸船であり、官憲の追及を免れるため香港政庁に船籍を登録しているに過ぎない」

とアロー号を海賊船容疑で臨検し、清国人乗組員十二名を逮捕した。

これに対し広東駐在イギリス領事パークスは、

「イギリス船籍の船をイギリス人船長の不在時に検問したのは不当である」

と反発し、現地のイギリス海軍が広東周辺の清国側砲台を占領、広東の街を砲撃。さらにイ

ギリス政府は陸軍部隊の派遣を決定し、フランスもイギリスに同調した。

清国情勢が緊迫の度を深めるなか、安政四年（一八五七年）六月、老中阿部正弘が三十九歳の若さで病死した。阿部の病状が重いことを聞いた斉昭は、

「伊勢守（阿部正弘）は大切な人」

と心配し、いろいろ薬を手配したりしている。また阿部の死を聞いた島津斉彬は、

「阿部を失いたるは天下の為に惜しむべきなり。阿部の後にはもはや力量のある老中はいない」

と嘆き、その死を悼んだ。

実際、阿部の死去後、まるで数珠の糸が切れたように、一致結束していた幕府、否、わが国はバラバラにばらけていくのである。

佐久間象山の意見

ハリスは、安政四年（一八五七年）十月二十一日、江戸城へ入って将軍家定に謁見した。ハリスの日記によると、このとき家定はハリスに対し、

「遥か遠方より使節を以て書簡を届け来ること、その厚情、深く感じ入り満足至極である。両国の親しき交わりは幾久しく続くであろう。合衆国プレジデントにしかと伝えよ」

と、堂々たる態度で告げたという。これを見る限り暗愚・愚昧《ぐまい》とはいえない。

そしてハリスは十月二十六日、堀田正睦、川路聖謨、井上清直らに日米通商条約締結の必要性を力説した。ハリス申し出の趣旨は、

一、アメリカは武力によって他国を侵略することはしない。
二、イギリスはロシアの南下を警戒している。
三、そのためイギリスは日本と戦争して箱館を占領しようとしている。
四、清国をアヘン戦争で屈伏させたイギリスは、再び清国にアロー号戦争をしかけた。
五、イギリスは日本にもアヘンを売りつける計画だ。
六、それゆえ日本はアメリカと通商し、軍艦や大砲をアメリカから輸入すべきだ。

というものである。

これに対し松代藩士で洋学者の佐久間象山は、幕府宛に上書を提出し、

「ハリス申し出の第一項は『嘘』である」

と喝破している。実際のところ第二項と第四項は正しいが、第三項と第五項は「嘘」に近い。

そうなるとハリスが主張する第六項の結論の是非については、判断の下しようがない。

その頃、清国の情勢は、イギリス・フランス連合軍が一八五七年（安政四年）末に広東へ総攻撃を開始すると、絶望的状況に陥った。

ハリスの熱弁を聞くまでもなく、開国論者の堀田正睦をはじめ幕府外交当局者は、

「通商条約締結はやむを得ない」

と考えていた。

とはいうものの、事があまりにも重大であり、国内合意形成に困難があり、ハリスの発言内容には真偽が入り交じって信頼を置き難く、判断に迷っていたのである。

しかしハリスは一カ月経っても回答がないことに業を煮やし、

「通商条約締結を希望せしよりすでに二十九日を経過せるにも拘《かか》わらず、未《いま》だ一片の返書も与えられず。余はかかる無責任を忍ぶこと能わざるなり。日本政府、もし鎖国の頑守を選ばば、余は断然旗幟《きし》を撤して帰国せんのみ。されば平和の使者に代わって来らんものは幾隊の軍艦ならん。日本の迷夢を覚醒せるものは、砲煙弾雨のほかはあらず」

と恫喝《どうかつ》した。ハリスの剣幕にあわてた幕府は、幕府役人のうち最も開明的で外国通でもある目付岩瀬忠震と下田奉行井上清直を全権委員に任じ、直ちに通商条約締結の交渉に当たらせた。

岩瀬忠震はハリスに対し、

「自分は使節となってアメリカへ行きたい」

と渡米の夢まで語るほどの積極的開国論者だった。

ハリスと岩瀬らの通商条約交渉は十三回にもわたり、安政五年（一八五八年）一月、やっと通商条約案十四カ条および貿易章程七則が成立した。なお、この通商条約案では、

「軍用の諸物は日本役所の外へ売るべからず」

とし、「武器の輸入は幕府に限る」と制約を付けた。武器輸入が自由化され、国内の反政府勢力が外国製の最新鋭武器を入手すると、内乱によって政府が転覆しかねないからである。こうしてすべての交渉が終わり、あとは調印を待つばかりとなった。

幕府はこれと並行して、通商条約締結の是非について、安政四年（一八五七年）十一月から十二月にかけて三回にわたり、諸大名に意見を求めた。さらに将軍家定は十二月末、大廊下詰、溜間詰、大広間詰の諸大名を集め、その場で老中堀田正睦が、

「貿易開始はやむを得ない」

と演説し、諸大名に意見を聞いた。

かつて日米和親条約締結の際、阿部正弘は諸大名、幕臣、それに江戸庶民にまで黒船来航の情報を公開し意見を求めたが、堀田正睦もこれを踏襲して諸大名の意見を徴したのである。

このように阿部正弘や堀田正睦の政権下では、諮問という形で衆議を尽くすことが常態化し

ていた。このため、諸大名の名代として各藩の間を往来し情報収集と意見調整を行なう側近グループが盛んに交流を深めるようになった。すなわち「処士横議《しょしおうぎ》」である。

藤田東湖と橋本左内

早くから人材登用に努めた水戸藩では、後期水戸学を確立した会沢正志斎と同門の藤田東湖が斉昭に抜擢され、田丸稲之衛門らとともに郡奉行となって農政改革に努め、検地・財政整理・海防策などに尽力していた。

斉彬に見出され庭方役に任じられた西郷隆盛二十八歳は、安政元年（一八五四年）四月、小石川の水戸藩邸で藤田東湖四十九歳と会う。そのときの様子を西郷は次のように回想したという。

「南洲弱冠の時、藤田東湖に謁す、東湖は重瞳子《ちょうどうし》（貴人の相）、躯幹魁傑にして、黄麻《おうま》の外套を被《き》、朱室《しゅざや》の長剣を佩《さ》して南洲を迎ふ。南洲一見して瞿然《くぜん》（驚くさま）たり。乃ち室内に入る、一大白《たいはく》（大杯）を属して酒を侑《すす》めらる。南洲は素《も》と飲《いん》を解せず、強いて之を尽す、忽ち酩酊して嘔吐席を汚す。東湖は南洲の朴率《ぼくそつ》にして飾るところなきを見て酷《はなは》だ之を愛す。嘗て曰ふ、他日我が志を継ぐ者は独此の少年子（隆盛）のみと。南洲も亦《また》曰ふ、天下真に畏《おそ》る可き者なし、唯畏る可き者は東湖一人のみと。二子の言、夢寐《むび》（眠っている間も）相感ずる者か」（『南洲手抄言志録』）

以来、しばしば藤田東湖と懇談した西郷隆盛は、叔父に宛てた同年七月二十九日付の手紙で、

「東湖先生の御宅へ伺うと、まるで清水を浴びたように、心中に一点の雲霞もない清浄な心になってしまい、帰り道を忘れてしまうほどでした」

と、藤田東湖への心酔を吐露している。

しかし藤田東湖は安政二年（一八五五年）十月二日の安政の大地震に遭い、天井から崩れ落ちた梁で圧死してしまう。

さらに西郷は安政二年十二月二十七日、越前藩主松平春嶽の側近、橋本左内と江戸で初めて会見した。西郷は最初、色白で柔和な若者という印象しか持たなかったが、やがてその見識に触れるや、

「我、先輩としては東湖先生に服し、同輩においては橋本を推す」

と一目も二目も置くようになる。

だが橋本左内は、安政の大獄で斬首されてしまう。

斉彬の焦り

島津斉彬は、安政三年（一八五六年）七月、徳川斉昭宛の密書を西郷に届けさせ、水戸藩家老安島帯刀、武田耕雲斎と面談させた。斉彬はこの頃の西郷を、

「私に家来は多数あれど誰も間にあわない。西郷だけが薩摩藩の大宝である。しかし西郷には独立の気性があり、私以外では使いこなせない」

と評している。斉彬は西郷の資質をよく見抜いていたといえる。

なお斉彬は、このとき西郷に持たせた密書にあえて封緘《ふうかん》を加えなかったという。それほど西郷を信頼していたのであろう。

斉彬と西郷は参勤の期が満ちた安政四年（一八五七年）四月三日、江戸を発って帰藩したが、同年六月十七日に阿部正弘が病死すると斉彬は自ら一橋慶喜擁立を画策し、十月一日、西郷を出府させた。

西郷は十二月六日に江戸へ入り、十二月八日に橋本左内と会って一橋慶喜を後継将軍に据えるべく共闘することを確認、これを受けて十二月十四日、左内は慶喜推薦文である「一橋公御行状記」を書き上げた。

島津斉彬はこれに合わせて、十二月二十五日付で幕府に建白書を提出し、

一、通商条約は許可すべきである。
二、人心を統一するため、一橋慶喜を将軍後継に決定すべきである。

すなわち、

「通商を開くには慶喜擁立が前提である」

という慶喜擁立論を、初めて公然とぶち上げたのである。

斉彬は、本来は別次元であるはずの「開国・通商という外交問題」と「将軍継嗣問題」を絡み合わせてしまったのだ。これはかつて阿部正弘が、

「『外交問題』と『将軍継嗣問題』は切り離さなければ、政局混乱を招く」

と固く戒めた、いわば「禁じ手」である。

阿部が生きていれば、こんな無茶は抑えただろう。

斉彬がこうした行動に踏み切ったのは、阿部の死去により、斉彬に二つの強い焦りが生じたためである。

そもそも前述のとおり、斉彬の父斉興は斉彬を嫌ってなかなか家督を譲らなかったのだが、阿部正弘から退任勧告を突きつけられて渋々隠居した。

ところが阿部が死去すると斉興は、復権を目指してまたぞろうごめきだした。藩主に就任し

た斉彬は、人心の動揺を避けるため、藩の上層部人事には手を付けなかった。このことが斉興の復権への誘惑を刺激したのである。

この事情について西郷は、水戸藩の原田八兵衛への手紙に、

「福山侯（阿部正弘）御死去の由、悲嘆のことにござ候。このときに乗じ、弊国の奸物（斉興）も勢いを得候て、嘆ずべきことども……」

と書いている。

このままいけば藩政の実権を斉興・久光に奪われるのではないか？

これが、第一の焦りである。

もう一つの焦りは、阿部が重病に冒された途端、

「将軍継嗣は紀州藩主徳川慶福に決定した」

との噂が流れたことである。もともと本寿院と家定は一橋派に不快感を抱いていた。

そこで阿部が倒れると、家定と本寿院は巻き返しを図り、大奥から一橋派の勢力を一掃しようとしたのだ。

これに対し斉彬は、慶喜を将軍後継にするため、朝廷の力を借りようとし、安政五年（一八五八年）一月六日、篤姫の養父、左大臣近衛忠煕と内大臣三条実万《さねつむ》に、

「一橋慶喜を将軍後継とすべく、朝廷から幕府へ内密の勅命を下してほしい」

と請願した。だがこれも「無理筋」であり「やり過ぎ」である。斉彬の主張は、

「一橋慶喜を将軍後継にしないなら、通商条約を認めない」

と駄々をこねたように見える。

工作員、西郷隆盛

老中堀田正睦は、

「一橋派が朝廷を巻き込んで外交に後継将軍問題を絡ませた」

ことに気づかないまま、通商条約調印の勅許を得るため、京都へ向かった。

堀田は京都に着くと、議奏二卿（久我、万里小路）と伝奏二卿（広橋、東坊城）に外国情勢を詳しく説明した上で、

「開国通商は宇内《うだい》（世界）の大勢にして、鎖国攘夷は天下の大患なり」

との持論を展開した。

しかし朝廷では「鎖国論」が主流だった。

とくに孝明天皇は西洋人を極端に嫌い、関白九条尚忠への手紙に、

「夷人の願いどおりになっては天下の一大事であり、伊勢神宮はじめに対して恐懼《きょうく》の至りであ

り、皇祖に対しても不孝であり、自分は身の置きどころもない」

と書かれた。孝明天皇は大納言、中納言、参議等に対して外交問題につき意見を上申させたが、これら公卿の意見も、

「墨夷《ぼくい》（アメリカ）の要求に従うのは神州の恥」

とか、

「条約を謝絶して戦となれば、アメリカを打ち払うべし」

とか、

「異人の到来を厳禁すべし」

など威勢のいい攘夷論が大勢を占めた。

一方、橋本左内は主君松平春嶽から、公卿衆に、

「朝廷から幕府へ『一橋慶喜を将軍後継にせよ』との内密の勅命が下るよう工作」

するよう命じられ、安政五年（一八五八年）二月七日に京都へ入り、青蓮院宮《しょうれんいん》、前関白鷹司政道に取り入って、三月十日頃、内勅降下の同意を得た。

また西郷も左大臣近衛忠熙と内大臣三条実万を通じて工作することとし、三月初め、篤姫の手紙を養父近衛忠熙に届けるとの名目で上洛し、京都に着いた西郷は、清水寺の僧月照や近衛家の老女村岡の斡旋で朝廷に働きかけた。

こうした動きを察知したのが、譜代大名筆頭の彦根藩主井伊直弼である。

直弼が腹心長野主膳を京都へ送って情勢を探らせると、すでに松平春嶽・橋本左内が青蓮院宮・前関白鷹司政道を、島津斉彬・西郷隆盛が近衛忠熙・三条実万を動かし、朝廷内に、

「一橋慶喜を将軍後継にせよとの内勅を降下させる京都工作」

が根深く進行していることが分かった。そこで長野主膳は、これに対抗すべく、関白九条尚忠を抱き込み、朝廷に、

「将軍後継の選定は将軍家の私事であり、諸大名が朝廷に内願するのは国乱の元である」

と訴えた。この長野主膳の主張は朝廷に受け入れられ、春嶽と斉彬の内勅降下運動は一歩手前で失敗に終わった。

ただ、橋本左内と西郷隆盛は長野主膳に敗れたとはいえ、いずれも優秀な工作員だった、といえる。

こうして長野主膳に抱き込まれた関白九条尚忠の働きかけにより、朝廷から堀田正睦に、

「『外交は幕府に委任する』との勅答を三月十四日に手渡す」

ところまで漕ぎ着けた。

ところが勅答予定日の前々日（三月十二日）、公家がぞくぞくと参内し、八十八人の連名で、

「外交を幕府に委任する勅答に反対」

との意見書を提出し、さらに無位無官の非蔵人《ひくろうど》の若い公家五十数人、昇殿を許されない下級の廷臣《ていしん》の地下《じげ》官人九十七人も連名して反対を上申した。朝廷はこうした反幕府的な雰囲気の下で意思統一が困難となり、三月二十日、堀田正睦に対して、外交問題について、「通商条約調印については御三家以下の諸大名の意見を聞いた上、改めて願い出るよう」との勅諚《ちょくじょう》を下し、将軍継嗣については、関白九条尚忠が先に示した「英明・年長・人望」の三条件を取り消す、すなわち「一橋慶喜を指名しない内勅」が三月二十三日に下されたのである。

要するに朝廷は、その総意として、

一、老中堀田正睦による条約勅許は却下。

二、春嶽と斉彬による「一橋慶喜を将軍継嗣とする内勅降下」も却下。

とし、外交と将軍継嗣のいずれも相討ちにすることで、中立を保ったのである。

かくして「朝廷から勅許を得て通商条約を一気に締結しよう」と考えた堀田正睦の目算は外れて京都工作は失敗に終わり、堀田は虚しく東帰した。同様に春嶽、斉彬、西郷の努力も水泡に帰し、西郷は六月七日、憤懣やるかたない思いで鹿児島へ戻った。

以来、西郷は「慶喜擁立」から一定の距離を置くようになり、斉彬の死を契機に、いよいよ独自色を打ち出すようになる。

井伊直弼、大老に就く

堀田の京都工作が失敗したことで幕府は「外交上の危機」を迎えた。

そこで幕府は、堀田が帰着した三日後の安政五年（一八五八年）四月二十三日、彦根藩主井伊直弼を大老に任じた。

井伊大老が直ちに解決しなければならない課題は通商条約調印である。堀田がハリスに約束した条約調印予定日の三月五日から、すでに一カ月以上が過ぎている。井伊大老はハリスと交渉し、条約調印予定日をさらに七月二十七日に延期させた。

井伊大老は、それまでに諸大名から通商条約調印の同意を得て、晴れて朝廷から条約勅許を得ようとしたのだ。井伊は諸大名に登城を命じ、その場で堀田が先の勅諚を示し、「幕府の通商条約調印方針に変更はないが、勅命なので再び意見を求める」と説明した。

これに対する諸大名の答申は、多くが「条約調印はやむを得ない」というものだったが、水戸藩主徳川慶篤、慶篤の父徳川斉昭、尾張藩主徳川慶勝らが突然、幕府の方針を批判し、通商条約の調印に反対したのである。

困惑した井伊は再び長野主膳を攘夷論の策源地、京都へ向かわせ、幕府に協力的な関白九条尚忠を援護させた。しかし井伊大老のこの工作は難渋した。

このさなか、清国はイギリス・フランスとのアロー戦争に敗れ、安政五年五月（一八五八年六月）、イギリス・フランス・アメリカ・ロシアと天津条約を結び、

一、外交官を北京に駐箚させること。
二、イギリスに四百万両、フランスに二百万両の賠償金を支払うこと。
三、外国人は中国内地を自由に旅行できること。
四、揚子江を開放すること。
五、アヘン貿易を公認すること。

などの屈辱的な条件を呑まされた。

清国が降伏すると、六月十七日、ハリスが下田から軍艦ポーハタン号に乗って横浜へ来て、幕閣に、

「清国と英仏との戦争が終わり、五月（西暦では六月）に天津条約が結ばれた。戦勝を誇る英

仏両国は日本に大艦隊を派遣して通商条約を要求するだろう。さすれば日本はアメリカの条約案よりさらに過酷な条件を呑まされるだろう」

と警告し、速やかに日米通商条約を調印するよう力説した。

こうして幕府の対米外交は、重大な岐路に立った。すなわち、

一、朝廷の勅許が得られないことを理由に条約調印を延期すれば、アメリカは「日本の代表はタイクン（将軍）でなくミカド（天皇）」と判断し、朝廷と交渉を始める。

二、朝廷は鎖国攘夷を主張して、アメリカの通商要求を拒否する。

三、日米戦争となり、日本は負ける。

四、敗戦後、日本はハリス提案の条約案より不利な条約を押し付けられる。

五、日本は、清国のように領土を割譲させられたり、独立を脅かされるなど、国体を保持することが困難になる。

と予見された。

通商条約断行

大老、老中以下幕府首脳は対策を鳩首協議。議論の焦点は、

「あくまでも勅許を奏請し、勅許が得られるまで、通商条約調印を先送りする」

か、あるいは、

「勅許が得られなくても、調印に踏み切る」

かに絞られている。

もはや国内事情と外交事情を両立させる時間的余裕は残っていなかった。

国際情勢が一段と緊迫してきたが、それでも朝廷から速やかに条約勅許を得られる見込みはまったくなかった。

実は、幕府外交当局者は、

「この際、勅許が得られずとも、条約調印はやむを得ない」

と考え始めていた。

口うるさいハリスと日夜接する交渉当事者にとって、もはや交渉引き延ばしは限界にきていたのだ。

そこで下田奉行井上清直が思い余って井伊大老に、

「どうしても調印しなければならない際には、無勅許のまま調印してもよろしいでしょうか」

と尋ねると、井伊も反対できず、頷くしかなかった。井伊大老はこのときの心境を、

「勅許が得られないといって条約を調印せず、アメリカと戦争になりアメリカに敗北して占領され領土を割譲されるとなれば、これ以上の国辱はない。今日アメリカの開国要求を拒絶してアメリカとの戦争に敗れ永久に国体をはずかしめるのと、勅許を待たないで開国しアメリカとの戦争を回避して国体を堅持するのと、どちらが大事か。現在、わが国の海防・軍備は充分でない。しばらくの間、外国の要求を取捨し、害のないものを選んで許可するだけである。朝廷の意向は国体を汚さぬようにとの趣旨である。そもそも大政は幕府に委任されている。しかし無勅許という重罪は、甘んじて直弼一人がこれを受ける決意である」（『井伊家文書』）

と吐露している。

大老井伊直弼は、この苦しい胸の内を、

「春浅み、野中の清水、氷《つらら》いて、底の心を、汲む人ぞ無き」

との和歌に託し、為政者の孤独の決断を表現した。

この井伊大老の決断により、日米通商条約は安政五年六月十九日に、勅許を得られないまま、ハリスと岩瀬忠震・井上清直との間で調印された。

第十四代将軍は紀州藩主徳川慶福に決定

井伊大老が日米通商条約に調印すると、鹿児島にいた島津斉彬は、自ら大兵を率いて京都へ上り、孝明天皇の勅命を得て東下し、武力を背景に井伊ら南紀派を一掃し、一橋慶喜を擁立しようとした。

しかし、後継将軍の選定は徳川家の私事であって、朝廷が口を挟むとなれば内政干渉である。同様に、皇位の継承は朝廷の私事であって、それに幕府が口を挟めば、これも内政干渉となる。そこで将軍家と天皇家は、いずれも血統を後継の選定基準とし、互いの干渉を避け、さらに軋轢を未然に防ぐため、

「幕府は朝廷に敬意を表し、朝廷は幕府に大政を委任する」

という形式を取った。つまり朝廷と幕府は、権威と権力を分け合っていたのである。

古代・中世においては、朝廷が権力をも併せ持ち、権威と権力は一体だった。

徳川時代という近世では、朝廷は権威を、幕府は権力を、と、権威と権力を分離させたのである（さらに近現代に入ると、権力は司法・立法・行政とさらに三分割される）。

しかるに斉彬は、薩摩藩の武力を背景に、

「将軍決定権を幕府から朝廷へ移し、時代を近世から古代・中世へ逆行させよう」

としたのである。

斉彬は優秀な男だったが、阿部正弘を失ってからは、焦って無理を重ね、知らず知らずのうちに一線を越えて、自身が気づかぬまま、とんでもない大混乱の火種を撒《ま》こうとしたのである。

一方江戸では、井伊大老が朝廷から勅許を得ぬまま日米通商条約を調印（安政五年六月十九日）し、朝廷へは宿継奉書《しゆくつぎ》（飛脚による速達）で報告を済ますと、安政五年（一八五八年）六月二十四日、越前藩主松平春嶽が井伊大老の私邸へ押しかけて詰問し、徳川斉昭、徳川慶篤、徳川慶勝らを誘って江戸城へ登城し、

「条約調印はやむを得ない。だが無勅許調印と宿継奉書は不敬である」

と、井伊を責め立てた。

だが本来、大名の登城日はあらかじめ定められており、この日は定例登城日ではなかった。定例日以外の登城を「不時登城」といい、御法度とされていた。

そもそも松平春嶽や徳川斉昭らも、井伊大老と同様、

「条約調印は不可避である」

と考えている。その意味で、現実論に即して考えるならば、

「井伊大老が万難を排して通商条約に調印したこと自体は、妥当だった」

のであって、春嶽や斉昭らが、

「無勅許調印は許せない。宿継奉書による報告は不敬である」

と直弼を詰問したことは、形式的不備を追及したに過ぎない。ここに彼らの嫌らしさがある。

このとき井伊は、春嶽、斉昭らの面詰《めんきつ》に従順に耐えた。


井伊は翌日の六月二十五日、反撃に出る。江戸城に諸大名を招集し、将軍家定の名において、

「実子がなかった第十三代将軍家定の将軍継嗣は、紀州藩主徳川慶福に決定した」

と正式に発表したのだ。


家定は、人情として慶喜を嫌い、慶福を可愛がっていた。本寿院や大奥の女中たちも、雛人形のように可愛らしい慶福を後押しした。また幕府要職を独占し、幕府官僚体制を構成して幕政を運営してきた譜代大名らは、将軍家定の意向に忠実であろうとし、さらに、

「幕府が多事多難な状態にあるいまこそ、幕府の統制力を強化し、雑音を排して開国を推進し、難局を乗り切るべき」

と考え、家定が望んだ慶福を支持した。彼らのリーダーが井伊直弼である。


慶喜擁立を図った「一橋派」の主柱である老中阿部正弘が死去したことによって、この時期、慶喜が将軍に就く可能性はほとんどなかった。一橋派はすでに凋落していたのである。

島津斉彬は西郷を通じ、「慶喜を後継将軍に」との内勅降下を請願したが、前述のとおり、

これは失敗に終わっている。斉彬ら一橋派にとって、ここが潮時であり、まずはいったん敗北を認め、投了すべきだったのである。

斉彬、死す

京都では、孝明天皇が通商条約無勅許調印に激怒され、六月二十八日、

「無勅許調印は許しがたい。自分は微力であるので、帝位を伏見宮か有栖川宮に譲りたい」

と退位を口にされ、関白九条尚忠を悩ませた。

一方井伊は将軍家定の意を得て、

「押しかけ登城を行なって御政道を乱した」

として、斉昭は江戸水戸藩邸での謹慎、慶勝と春嶽は隠居・謹慎、慶篤と慶喜は登城停止とする処分を下した。形式的不備を詰問された井伊は十一日後に同じく斉昭らの形式的不備を追及して、一橋派に一矢を報いたのだ。これが「安政の大獄」の始まりである。

そもそも将軍家定から見れば、朝廷工作まで行なった一橋派の、

「家定は暗愚だから一橋慶喜を後継将軍にせよ」

との将軍廃嫡運動は家定に対する由々しき謀反であり、一橋派は憎むべき反逆者である。本

来なら春嶽などは、「将軍廃嫡を策す謀反人として打ち首・獄門」に処され、斉彬は、春嶽との共謀罪により切腹を科されてもおかしくない。しかし将軍家定は、春嶽に厳罰を下すことも、斉彬を処分することもせず、不時登城した者のみを「形式犯」にして軽罰を科したのである。

このことで家定が、感情に任せて権力を恣意的・専制的に行使することを自重し、「罪刑法定主義（犯した罪科に応じた処分を下すこと）という近代的法理」に従う自制心を持っていたことがわかる。

最高権力者が、自分を廃嫡しようと企む反逆者を、感情のおもむくまま厳罰に処すことなく、感情を抑えて罪刑法定主義に基づく冷静な態度を保持することは、そうそうできることではない。

これが、将軍家定が見せた、将軍らしい最初で最後の決断だった。家定は翌七月六日に死去し、三十五年の生涯を閉じた。

将軍家定（在位嘉永六年六月～安政五年七月）の治世を、当期業績主義（在任中の業績を評価すること）によって判定すると、

安政元年（一八五四年）三月、阿部正弘が日米和親条約を調印。

安政二年（一八五五年）十月、海軍兵学校の前身である長崎海軍伝習所を設立。

安政四年（一八五七年）十月、アメリカ総領事ハリスを謁見。

安政五年（一八五八年）六月、井伊大老が日米通商条約を調印。

安政五年（一八五八年）七月、徳川斉昭や松平春嶽らに軽罰を科す。


などであって、士農工商のいずれの層においても、流血や殺戮の惨事に遭う者はいなかった。

これが、身体や能力に軽度な障害があったとされる将軍家定の生涯である。


前述のとおり、島津斉彬は、無勅許調印に反発し、率兵上京によって朝廷を動かし、勅命を得て、

「井伊大老を排斥して、一橋慶喜を後継将軍にしよう」

とした。これは無理筋という段階を越えた暴挙、すなわちクーデターである。

そもそも斉彬は、

「黒船来航以来のわが国の難局を打開するには、開国しかない。通商条約調印は不可避」

と主張しているのであって、井伊の通商条約調印を批判するなら大義名分が立たない。

だが斉彬は率兵上京の決意を変えず、その演習を安政五年（一八五八年）七月八日に鹿児島

の天保山調練場で行ない、藩士らの調練を検閲した。ところがその夜に発病。翌日には腹痛、悪寒、下痢、高熱の症状が現われ、七月十六日に死去した。これにより率兵も頓挫した。

斉彬の死因について、薩摩藩の蘭方医坪井芳洲は赤痢またはコレラとし、旧薩摩藩出身で東京慈恵会医科大学創立者の高木兼寛は、赤痢と判断している。

第四章　西郷は二度の島流しに遭う

西郷が奄美大島へ流される

薩摩藩主島津斉彬が安政五年（一八五八年）七月十六日に死去すると、島津久光の長男忠義が家督を相続して第十二代藩主となり、久光は国父とされた。しかし、藩の実権は前々藩主斉興が掌握した。

西郷は斉彬の訃報を安政五年七月二十七日に京都で聞くと、絶望して殉死しようとしたが、僧月照に、斉彬の遺志を継ぐよう説得されて、翻意した。

ところが、安政の大獄による井伊大老の京都手入れは厳しく、九月九日に梅田雲浜《うんぴん》が捕縛され、橋本左内が十月二十三日に逮捕されると、西郷と月照の身も危なくなった。所司代の追及の手から逃れるため西郷と月照は京都を出て鹿児島へ向かったが、斉興一派が支配する鹿児島に居場所などあるはずもなく、絶望した西郷と月照は十一月十五日夜、鹿児島湾へ入水《じゅすい》。月照は溺死したが、西郷は奇跡的に一命をとりとめた。

藩当局は先君の無二の寵臣であった西郷を殺すわけにもいかず、幕府には「西郷は溺死した」と届け出た上で、菊池源吾と変名させて、奄美大島に流した。

安政六年（一八五九年）一月十二日に奄美大島の龍郷村《たつごう》に着いた西郷は地元有力者龍家の離れに住み、十一月、龍一族の愛加那《あいがな》を島妻とした。当初は孤独をかこった西郷も、徐々に島の生活に馴染み、文久元年（一八六一年）一月、二人の間に菊次郎が生まれる。

咸臨丸の太平洋横断

世の中、沈む者がいれば、浮かぶ者がいる。

西郷が流人として奄美大島に逼塞《ひっそく》しているとき、長崎で、勝海舟が陽の目を見た。

長崎海軍伝習所の第一期生だった若き勝海舟は艦長になる日を夢見て、日夜訓練に励んでいた。当時、伝習所における艦長候補は、永持亨次郎《ながもちこうじろう》（勘定格徒目付《かち》）、矢田堀景蔵《けいぞう》（小十人組百俵）、勝海舟（小普請組四十俵から小十人組百俵へ昇格）の三人だった。

三人のなかで最も身分が高く成績も優秀だった永持亨次郎（外国奉行柴田剛中の実弟）は、「艦長といっても所詮スペシャリストに過ぎず、つまらない。自分はゼネラリストを目指す」といい残して、修了を待たず、安政三年（一八五六年）十月に長崎奉行所支配吟味役に転じて幕府長崎造船所（現三菱重工業長崎造船所）の建設に取り組み、その後、外国奉行支配組頭に任じられて外交業務にたずさわるなど行政官の道へ進んだ。

矢田堀景蔵は航海術に抜群の才能を示し、オランダ人教官カッテンディーケから、「（矢田堀の指揮に）外国人一同をびっくりさせた。その入港ぶりは老練な船乗りでなければできない芸当である。しかも船と船の間に碇《いかり》をおろす大胆不敵な振舞いをやってのけた」と激賞されている。矢田堀はこののち、幕府海軍の中枢を担い、軍艦の運用や乗組員の訓練を主導し、海軍総裁（副総裁は榎本武揚）となる。

勝海舟はオランダ語が話せたため、学生長としてオランダ人教官と伝習生の連絡役を務めて重宝され、第一期から第三期まで足掛け五年間を長崎で過ごした。この間、安政の大獄が始まり、失脚した大久保一翁との関係が一時疑われたものの、江戸から遠く離れた長崎の勝に累は及ばなかった。

もともと勝は船に酔いやすく、数学が苦手で、船乗りとしての基本的資質に欠け、海軍知識の習得もおろそかだった。数学が苦手ということは、海軍士官として致命的欠陥である。帆船は風力・波力・潮力を読んで帆の角度、上げ下げを適正に調整しなければ横風・横波を受けて転覆してしまう。また島影すらない大洋を航海するには、天体観測によって現在位置を確認して適正な進路を選択しなければ、目的地にたどり着く前に食料や飲料水欠乏などにより幽霊船になってしまう。このため必要なのは数学と物理である。

さらに海軍士官は当番士官として甲板に立ち、昼となく夜となく、風波を観測しなければならない。船酔いのため船倉で寝ているようでは、海軍士官は務まらない。

幕府は安政六年（一八五九年）、

「オランダ伝習は一定の成果を挙げたので、今後の海軍士官養成は幕府が自前で行なう」として長崎海軍伝習所を閉鎖し、オランダ教官には帰国してもらい、海軍教育は幕府が江戸築地に開設した軍艦操練所で行なうこととした。勝は、この教授方頭取となった。

その頃井伊大老は、外国奉行永井尚志と同水野忠徳の建言を容れて、通商条約の本書交換のため遣米使節団（正使新見《しんみ》豊前守正興《まさおき》）をアメリカ軍艦ポーハタン号に乗せて派遣した。

また井伊大老は、遣米使節団とは別に、

「幕府軍艦を派遣して使節団を護衛させるとともに、幕府海軍の実力を試そう」

と咸臨丸に太平洋を航海させることにした。咸臨丸航海の責任者は軍艦奉行木村摂津守喜毅《よしたけ》である。

これを聞いた勝は、居ても立ってもいられず、永井と水野に盛んに自分を売り込んで渡米を希望し、両名の推薦を得た。こうして咸臨丸は、提督が軍艦奉行木村摂津守、艦長は軍艦操練所教授方頭取勝海舟となった。勝は船乗りとしての素質に欠けていたが、「実力者へのコネのつけ方」「猟官運動」「自己アピール」「ハッタリ」などの面で抜群の才能を身につけていた。

これについては歴史研究家の藤井哲博氏の次の記述が核心を衝いている。

「（勝海舟は）海軍の学術の成績が良くなかったので、永井（外国奉行永井尚志）も彼の処遇に頭を悩ませていた。彼は海軍軍人よりも、やはりフィクサーか周旋役向きであったのかも知

れない」(『長崎海軍伝習所』中公新書)

ブルーク大尉の活躍

咸臨丸航海の最高責任者である木村摂津守が最も悩んだのは、乗組士官や水夫の俸給が少なく、出張旅費も危険手当すらも幕府から満足に支給されないことだった。そこで木村は、木村家先祖伝来の南北朝時代からの銘刀や書画・骨董など家宝を売却して三千両の資金を作り、乗組士官や水夫への危険手当などに充当した。

冬の北太平洋は北西季節風が荒れ狂う未知の海で、当時の長崎海軍伝習所のオランダ人教官ですら、誰一人として航海の経験はなかった。帆を休める島影もない北太平洋は世界の海のなかで最も探検航海が遅れた海域で、この頃、アメリカ海軍がようやく難破・沈没の危険を冒して調査・測量を始めたばかりだった。咸臨丸の航海は、船乗りが恐れる冬の北太平洋の北緯三十七度から四十三度付近の大圏コースを、アメリカ西海岸まで一気に突っ切る、まさに冒険そのものである。

木村摂津守

木村は航海の万全を期すため、アメリカ海軍ブルーク大尉以下十名のアメリカ人船員を同乗させた。ブルークは測量艦クーパー号の艦長で、太平洋航路開発のため深海測量を行なっていたのだが、同艦が難破したため横浜で帰国の便船を待っていたところだった。木村は老中を通じて、アメリカ公使ハリスからブルークの紹介を受けたのである。

咸臨丸は、万延元年（一八六〇年）一月十九日、サンフランシスコへ向けて浦賀を出帆した。しかし出帆早々、帆が裂けるほどの西風にあおられ、二度の低気圧に遭遇し、暴風雨と山のような波浪に翻弄された。

その後も激しい風浪にあおられ、動揺した艦長勝海舟は太平洋の真ん中で水夫に、

「俺はこれから日本へ帰る！　ボートをおろせ！」

と、無理なわがままをいって乗組員を困らせた。

しかも勝は、航海中、船酔いのため自室に閉じ籠ったままで、艦長らしい仕事は何一つできなかった。

航海で最も役立ったのはブルークが連れてきたスミスらクーパー号の五人のベテラン水兵だった。彼らは真っ暗闇の荒海でも平気でマストに登り、風向きや波のうねりを見て舵を取った。

艦長ジョン万次郎

日本人乗組員で役に立ったのは中浜万次郎、小野友五郎、浜口興右衛門《おきえもん》の三人である。木村摂津守の従者斎藤留蔵《とめぞう》は日記に、こう書いている。

「早暁より風猛強、波濤甲板にそそぐこと三尺あるいは四尺。船の傾くこと二十七、八度。皆大いに疲労し狼狽し規律を失し、甲板に出て動作をなす者わずか四、五人のみ。帆布を縮長上下すること一切アメリカ人の助力を受く。彼らはこの暴風雨にあうとも、一人も恐怖を抱く者なく、平常に諸動をなす。これに継ぐ者は中浜氏、小野氏、浜口氏のみ。その他は皆恐懼し、食料を用いること能わざる」(『亜行新書』)

さらにこの日の荒天について、こう記録した。

「夜に入り風益《ますます》強く、帆はわずかに縮短して二帆となして走る。船舷に風波の狂激すること烈しきを以て、船中の形勢、魂を驚かすに堪えたり」(前掲書)

また、一月二十二日夜から二十三日未明の嵐については、医者の長尾幸作が、こう記録している。

「船中皆病み、出生以来、初めて命の戦々恐々たるを知る。衆人皆死色。ただアメリカ人三人が言笑するを聞く」(『鴻目魁耳』)

一方、ブルークは日記に、

「夜、非常に強く風が吹いた。そこでメインマスト（大檣）のトップセイル（二番帆）を二段縮帆にする。波は高く、船は七ノットで進む。提督も艦長も病気である」

と書き、さらに中浜万次郎について、

「万次郎は一晩中起きていた。彼はこの生活を楽しんでいる。昔を思い出しているのだ。万次郎はスミスに物語りをし、次々に歌をうたって聞かせた」

と感心している。

中浜万次郎は土佐の貧しい漁民の子で、家計を助けるため十四歳のとき漁に出て、嵐に遭い、アメリカ捕鯨船ジョン・ハウランド号に救助され、船長ホイットフィールドに気に入られてジョンと呼ばれた。やがて万次郎は捕鯨船員となり、七つの海を股にかけて航海し、一等航海士を務めたこともある。

咸臨丸は、艦長勝海舟が船酔いで自室に閉じ籠ったまま、かといって日本人乗組員はアメリカ人の指揮を受けることを嫌がり、とうとう指揮官不在になった。これでは、船を適正に運航することはではない。そこで途中から、通訳として乗り組んでいた中浜万次郎が実質上の艦長となって、咸臨丸の操船を指揮するようになったのである。

日米対抗、天測競技

小野友五郎は、幕府天文方に出仕して和算を得意とし、長崎海軍伝習所に入学するや洋算・測量術・航海術に精通し天体測量術をマスターして、咸臨丸の測量方兼運用方（航海長）となった。出航前、ブルークは日記に、

「航海術の責任者である小野友五郎が、今日陸上で天測した。小野友五郎は私に、この港は品川から経度東五分の所にあることが分かったと言った。今夜、小野友五郎は陸上で月距を観測している。私はこの人の学識に驚いている」

と書き、最初の出会いで小野の力量を見抜いている。


島影すらない大洋の航海で必要なことは、船の現在位置はどこか、目的地へ向かうにはどの方角へ針路を取るべきかを決定することである。船の位置を測定するため太陽を観測して正午の経緯度を出す天測を行なったのは、日本側では小野友五郎と赤松大三郎則良、アメリカ側ではブルークとジョン万次郎である。赤松は日米の「天測競技」について、次のように懐かしんでいる。

「小野氏は当時すでに五十歳近い（実際は四十四歳）有名な数学の大家で、測量術に詳しい人だった。私は年少ながら測量は大いに得意で、小野氏の下で天測を担当した。私の測量した日々

の船の位置は、その日その日、船内一定の場所に掲示した。便乗のアメリカ士官も四十歳近い（実際は三十三歳）相当の熟練家で、その観測も両者大体違うことなく、私たちはミニュート（分）まで計算するが、彼は大体で切捨てるので、その差違に過ぎなかった。ところが一日、両者の計数に大分相違があったので問題となったが、結局ブルークの誤算と判って、以来、私たちはますます得意だった」（『赤松則良半生談』平凡社）

嵐のなか、甲板へ出てアメリカ人に負けない働きをした浜口興右衛門は八丈島で生まれた海の申し子。十一歳のとき浦賀奉行所同心浜口久左衛門の養子となり、長崎海軍伝習所で帆前運用方（下士官候補生）として航海術を学んだ。咸臨丸では荒天時にも縦横の働きをして当直に立つなど士官としての役割を果たし、ブルークから、

「極めて冷静で落ち着きがあり重みのある人物。船乗りとして最も優れている」

と評価された。咸臨丸帰国に際しては小野と並んで先任士官として実質上の指揮を執り、帰国後は幕府軍艦蟠竜《ばんりゅう》丸の艦長や、大番格軍艦頭並《なみ》となる。浦賀奉行所同心の出としては破格の出世である。明治期には造船技師として横須賀造船所に勤務し、日本海軍の造船技術の向上に貢献して海軍少技監（高等官五等）に昇進した。

快男児、佐々倉桐太郎

勝海舟は船酔いで自室に閉じ籠ったきりだったが、咸臨丸が二月二十六日（西暦三月十七日）に無事にサンフランシスコに着き、上陸が目前になると急に元気になり、

「俺が艦長だ！」

といわんばかりに威張り出し、勝家の家紋をあしらった旗を咸臨丸の将官旗として掲げようとした。最高責任者は提督の軍艦奉行木村摂津守であるから、揚げるとすれば、本来は木村の旗である。日本人乗組士官の全員が勝海舟に反感を持っていたので、彼らは勝の旗を隠してしまったという。

また咸臨丸がサンフランシスコに入港した際、アメリカ海軍から二十一発の礼砲を受けたので、咸臨丸で勝に次ぐ士官で、砲術方兼運用方の佐々倉桐太郎が答砲をしようとした。すると勝は、

「お前の腕では恥になるから、答砲はしない方がいい」

と反対した。これに対して佐々倉は、

「いまの言葉は聞き捨てならぬ。俺は答砲する」

と反論、すると勝は、

「やりたければ勝手にやれ。成功したら俺の首をやるさ」

といって、不快感をあらわにした。

すると佐々倉は、次から次へと二十一発の祝砲を見事に打ち納めた。そして乗組員に向かって、

「勝の首をもらってもいいが、艦長も首がないと不便だろう。日本に着くまで預けておく」

といって、日本人士官たちを笑わせた。

この光景を目撃した福沢諭吉は、

「勝麟太郎は艦長木村の次にいて指揮官であるが、至極船に弱い人で、航海中は病人同様、自分の部屋の外に出ることは出来なかったが、着港になれば指揮官の職として万端指図するなかに、祝砲のことが起った。勝の説に、ソレはとても出来ることでない。ナマジ応砲などしてやりそこなうより打たぬ方がいいという。運用方の佐々倉桐太郎は『イヤ打てないことはない、俺が打ってみせる』『馬鹿言え、貴様たちに出来たら俺の首をやる』と冷やかされて、佐々倉はいよいよ承知しない。水夫を指図して火薬を用意して、物の見事に応砲ができた。サア佐々倉が威張りだした。首尾よく出来たから、勝の首は俺のものだ。しかし航海中、用も多いから、あの首は勝に預けておくといって、大いに船中を笑わした」（『福翁自伝』）

と愉快そうに書いている。

佐々倉桐太郎は江戸下谷車坂に生まれ、浦賀奉行所与力佐々倉家の養子となった。浦賀を目

指したペリー艦隊が嘉永六年（一八五三年）六月三日午後四時頃、城ヶ島沖を通過したとき、三崎の番所にいた佐々倉は、単身、小舟を繰って黒船へ漕ぎ寄せ、大声一番、

「上様の御法度でござる！　外国船の江戸湾入航はまかりならぬ！」

と一喝。縄に結んだ打鍵を黒船の船縁へ投げ込んで、登り入ろうとした。するとアメリカ側は縄を切り銃剣で威嚇したので、佐々倉はやむなく引き返した。すなわち、ペリー艦隊に最初に接触した日本人が、浦賀奉行所与力佐々倉桐太郎なのである。

咸臨丸一行は万延元年（一八六〇年）五月五日に帰国した。

航海中、年長の小野友五郎が活躍したことは将軍家茂の上聞に達し、六月一日に将軍謁見が行なわれ、十二月一日、小野に褒賞として「時服二、銀五十枚」と、航海術特別賞与として「別段金、銀三十枚」が与えられた。艦長の勝海舟が将軍の謁見を許されなかったのに、小野友五郎が将軍謁見の栄を受けたことで、小野友五郎の名は江戸中に知れ渡った。

一方、船酔いで寝ていただけの勝は、帰国後、

「オランダ語はできるが、海軍の技量は近海航行まで。外洋航海の技量なく海軍の適性なし」

と酷評されて海軍から放逐され、蕃書調所頭取助に左遷された。

島津久光の率兵東上

咸臨丸一行が帰国する二カ月前の万延元年（一八六〇年）三月三日に、使節団派遣を決めた井伊大老が暗殺された。力の低下を恐れた幕府は、前述のとおり、朝廷に和宮降嫁を要請。文久二年（一八六二年）二月に皇女和宮と将軍家茂との婚儀が執り行なわれると、世は「公武合体」一色となった。

この頃、島津久光は、父斉興の死去により新藩主の実父としてやっと薩摩藩の実権を握った。そこで朝廷・幕府・雄藩の政治的提携を企図して、

「公武合体の時流に乗り勅命を得て、一橋慶喜、松平春嶽を幕府の要職に就け、兄斉彬を凌ぐ名声を中央政界に確立し、自身は京都守護職になろう」

と目論み、斉彬が成し得なかった率兵東上を行なうことにした。

久光は藩内の人材登用から着手し、上級藩士の小松帯刀らのほか、大久保利通、海江田信義ら「精忠組」のメンバーも抜擢した。精忠組は、有馬新七、田中謙助、西郷従道、奈良原繁、大山綱良、道島五郎兵衛、大山巌らによる血気盛んな若者集団で、すでに藩内に根強い勢力を形成していた。

精忠組のリーダーは西郷隆盛である。久光は、かつてお由羅騒動のとき、お由羅らの暗殺を

企てた西郷を憎み疎んじていたのだが、

一、政局の中心地・京都に人脈を築いていなかったので、公卿衆や諸藩士に顔が利く西郷を必要とした。

二、精忠組を取り込むには、リーダー西郷を手元に置く必要があった。

などの理由から、西郷を奄美大島から呼び戻した。

西郷は奄美大島を発って、文久二年（一八六二年）二月十二日、鹿児島へ着いた。

ところが、久光に謁見した際、意見を求められた西郷は、江戸育ちで洗練さを備えていた斉彬を引き合いに出して、

「中央政局に未経験で藩主でもない無官の久光様が東上するのは無謀である。久光様は兄君ほどの人望がなく、ジゴロ（田舎者）だから周旋は無理であり、上京すべきでない」

と率兵東上に反対し、久光の不興を買った。それでも久光は西郷を登用せざるを得なかったのである。

西郷は三月十三日、久光から、

「（率兵上京に）先行して下関で待て」

との命令を受け、村田新八を伴って下関へ向かった。

ところが西郷は、下関で長州の政商白石正一郎から、「薩摩藩士有馬新七ら精忠組の過激派が福岡藩士平野国臣らとともに攘夷倒幕を目指し、久光の率兵東上を利用して、京都で挙兵を企てている」

ことを知らされ、驚愕する。

実はこの時期、精忠組は有馬新七をリーダーとする過激派グループと、公武合体を支持する島津久光に従うグループの二派に分かれていたのである。

いまや久光に従う西郷は、有馬新七らを思いとどまらせるため村田新八を連れて下関を発ち、三月二十九日に伏見に着いた。

天下大乱の予兆

一方、島津久光は文久二年（一八六二年）三月十六日、薩摩藩兵千余人を率いて鹿児島を出立した。中央政界への華々しいデビューを目論んだ久光は、有馬新七らの精忠組過激派が京都・大坂方面で他の過激尊攘浪士と交わり不穏な動きを見せていることを聞くと、有馬新七らを斬って、「薩摩の藩是は公武合体である」ことを明らかにしようと決意。配下の藩士たちに、

「尊皇攘夷を名として過激な説を唱え、不逞《ふてい》の輩《やから》と交わりを結び、容易ならざる企てをする者がいるが、決してそのような者どもに同調してはならぬ」

と固く戒めた。

さらに久光は、四月六日に姫路へ着いたとき、西郷が君命に背いて上洛したと聞いて激怒。有馬新七らを扇動していると疑い、西郷を捕縛し、四月十日、船で鹿児島に送り返した。

四月十六日、久光は、薩摩藩兵千余人を従え京都へ入ると、朝廷から、

「浪士ども蜂起不穏の企てあり。宸襟を悩ませ候。鎮撫これあり候こと」

との沙汰を得た。

ところが、これを知った有馬新七、田中謙助、柴山愛次郎ら過激派は憤慨して、

「関白九条尚忠、老中間部詮勝、京都所司代酒井忠義を斬って首級を久光に献じ、公武合体という微温政策を改めさせて攘夷倒幕に決起するよう迫ろう」

と伏見の船宿寺田屋に集まり、決行の酒宴を開いて、気勢を上げた。

思えばこの文久二年は動乱の予兆を感じさせる年だった。正月早々に老中安藤信正が坂下門外の変に遭難。二月八日に清河八郎が浪士組（新撰組の前身）を率いて京へ向け江戸を出発。三月六日に土佐勤王党の吉村虎太郎が平野国臣の挙兵計画に参加すべく土佐藩を脱藩。三月

二十四日には坂本龍馬が土佐藩を脱藩するなど、各地で先鋭的な者たちが攘夷倒幕を唱えて動き出したのである。

寺田屋事件

公武合体を旗印にする久光は、有馬ら過激派の暴発を抑えるため、剣術に優れた奈良原繁、道島五郎兵衛、山口金之進、大山綱良、鈴木勇右衛門、鈴木昌之助、江夏仲左衛門、森岡善助、上床源助の九名を刺客に選び、

「自分が直々に説得するから、有馬新七ら脱藩藩士を藩邸へ呼び戻せ。万一、従わぬ場合は上意討ちにせよ」

といい含めて寺田屋に差し向けた。久光の命を受けた九名のうち八名は精忠組である。当時の薩摩藩では、才覚があって武芸に秀でた者の多くが精忠組に入っていたのだ。

奈良原繁、道島五郎兵衛、山口金之進、大山綱良らが四月二十三日夜に寺田屋へ到着し、取り次ぎを頼むと、有馬新七、田中謙助、柴山愛次郎、橋口壮介の四人が一階へ降りてきて口論となった。奈良原は説得を続けたが、有馬に、

「青蓮院宮のお召しがあるので、藩邸へ行くのはそのあとになる」

と答え、奈良原が、

「君命に背いても（青蓮院宮のところへ）行くつもりか！」

と怒鳴ると、田中が、

「君命でも仕方ないッ！」

とやり返した。すると突如、道島が、

「君命に従わぬのかッ！　上意であるッ！」

と叫んで田中を斬り、山口も抜刀して柴山を斬った。これを見た有馬は激昂して道島に斬りかかり、あとは顔なじみ同士による激しい斬り合いとなった。

有馬は剣の達人だったが、刀が折れたので、道島に掴みかかって壁に押さえ付け、近くにいた配下の橋口吉之丞（壮介の弟）に、

「おいごと刺せッ」

と命じ、橋口は有馬の背中から道島ともども貫いて両名を絶命させた。その直後、橋口壮介が奈良原に肩口から斬られて絶命した。

大山綱良は階段下で待ち受け、物音に驚いて降りてきた弟子丸《でしまる》龍助を刺殺。続いて降りてきた橋口伝蔵は鈴木昌之助に刺されて絶命。また西田直五郎は森岡善助に槍で突かれて転がり落ちたが、刀を振るって森岡に斬りつけたのち、息絶えた。

さらに二階から柴山竜五郎を先頭に大勢が抜刀して降りてこようとしたので、奈良原は刀を投げ捨て、両手を広げて立ち塞がり、

「これは君命である。同士討ちをしても仕方がない。詳しい話は久光様に聞いてくれ」

と、自分たちに同行するよう訴えた。

討手側では道島五郎兵衛が死亡、森岡善助が重傷、奈良原繁・山口金之進・鈴木勇右衛門・江夏仲左衛門が軽傷。攘夷派では有馬新七・柴山愛次郎・橋口壮介・弟子丸龍助・橋口伝蔵・西田直五郎が死亡、田中謙助・森山新五左衛門が重傷（重傷二名は翌日切腹）だった。

二階にいた精忠組過激派の西郷従道（隆盛の弟、のちに海軍元帥）、大山巌（隆盛の従兄弟、のちに陸軍元帥）、三島通庸《みちつね》（のちに福島県令）、伊集院兼寛（のちに海軍少将）、篠原国幹（のちに陸軍少将、西南戦争で戦死）、吉原重俊（のちに日銀初代総裁）、永山弥一郎（のちに陸軍中佐、西南戦争で戦死）ら二十一名は、

「それでは久光様に会おう」

とぞろぞろ藩邸へ入ったところを一網打尽に逮捕され、直ちに帰藩を命じられた。

以上が寺田屋事件の顛末である。

久光の仕打ち

島津久光が有馬新七らを上意討ちにして薩摩藩の尊攘過激派を処断し、公武合体のスタンスを内外に明確にすると、尊攘過激浪士の跳梁跋扈《ちょうりょうばっこ》に手を焼いていた朝廷は実力行使に出た久光に絶大な信頼を寄せ、久光の京における政治的立場は確固たるものとなった。

久光は、こうした期待を背に、公武合体実現のため、勅使大原重徳を擁していよいよ江戸へ向かう。

一方、捕縛された西郷は文久二年（一八六二年）六月六日、徳之島への遠島を命じられた（村田新八は喜界島へ遠島）。西郷は薩摩を出たのち、屋久島で八日間ほど風待ちをし、奄美を経て、やっと七月二日に徳之島に上陸した。奇しくもこの上陸の日に愛加那が西郷の長女、菊子を出産している。

岡前（現天城町岡前）の農民、松田勝伝宅に厄介になっていた西郷のもとを、八月二十六日、愛加那が菊次郎と菊子を連れて訪れ、親子の対面を果たす。ところが喜び合う暇もなく、追い打ちをかけるような命令が届く。

この頃久光は江戸に上っていたのだが、家老たちが西郷を徳之島配流という生ぬるい処分に留めていることを知ると、さらに南の沖永良部《おきのえらぶ》に島替えの上、牢に押し込め、決して外に出してはならぬとの厳命を下したのである。

西郷は徳之島を出て、閏八月十四日に沖永良部島に着いた。当初、野ざらしの二坪余りの牢に入れられ、西郷は体調を崩したが、十月、見かねた間切横目《まぎりよこめ》（警察官）の土持政照《つちもちまさてる》が代官の許可を得て囲いのある座敷牢に移してくれたので、何とか健康を取り戻すことができた。

第五章　再び登用された西郷の活躍

生麦事件

勅使大原重徳を奉じて江戸へ入った島津久光は、文久二年（一八六二年）六月、幕府に、

一、一橋慶喜を将軍家茂の補佐に、松平春嶽を大老にすべし。

二、太閤秀吉の故事にならい、島津・毛利・前田・伊達・山内を五大老とすべし。

との勅命を伝えた。

久光が幕府最高首脳の人事に口を差し挟むと、板倉と水野の両老中はさすがに不快感を示したが、朝廷の意向に逆らうことはできず、文久二年七月、一橋慶喜を将軍後見職に、松平春嶽を政事総裁職に任命し、自分たちの上座に据えた。

第二項の五大老こそ久光の本音であるが、幕府は、さすがに回答を留保した。

同年八月二十一日朝、久光は意気揚々と帰国の途に就く。ところが午後三時頃、久光の行列が六郷川を渡り、生麦村にさしかかったところで、事件が起きる。川崎大師見物のため馬で横浜から川崎へ向かっていたイギリス商人リチャードソン、ボロディール夫人、クラーク、マーシャルの四人が久光の行列に踏み込んだのだ。リチャードソンらは乗馬のまま久光の先導隊の

行列の脇を進み、さらに百メートルほど進むと、久光の駕籠を中心とする本隊と出くわした。四人はリチャードソンを先頭に道路脇に寄って進み、槍持ちのグループ、長持ちのグループ、徒士《かち》の集団、鉄砲組の大集団、近習小姓組の三十人ほどの集団と行き違い、六十余人の屈強な供侍に守られた久光の駕籠の傍へ進んだ。このとき久光の駕籠脇を固めていた供頭奈良原喜左衛門（奈良原繁の兄）が血相を変えて走り寄り、

「引き返せ！」

と叫んだ。ボロディール夫人は、言葉は分からなかったが一目散に逃げた。

リチャードソンの馬は、もたもたしながら、近習小姓組の列のなかへ入り込んだ。そのとき奈良原喜左衛門は刀を抜き、跳び上がって馬上のリチャードソンを肩口から腹部へ斬り下げ、さらに海江田信義がとどめを刺した。クラークとマーシャルは肩などを斬られながらも、その場を切り抜け、神奈川のアメリカ領事館に逃げ込んだ。

当時、幕府は諸大名に参勤交代を義務付けたが、その代償として、大名行列を乱す挙動不審の者がいれば斬殺して構わないとする「切り捨て御免」の特権を与えていた。そこで街道筋の町人たちは、大名行列が来れば家へ入って戸を閉めたり、土下座して攻撃意思がないことを示したので、諸大名は道中の警護を心配せず、街道筋を歩いていきさえすればよかった。この「切り捨て御免」の特権は幕藩体制を維持する上で必要な国内交通法規だった。

さらに大名が自己の過失で死亡したときは、家名断絶・領地没収が掟だった。だから久光が馬に乗った外国人にピストルで射殺されたりすれば、島津家は家名断絶・領地没収となりかねず、側近や警護役の切腹は免れない。こう考えると事件は、島津側の正当行為と見ざるを得ないのである。

だが、生麦事件の本質は、こうした文化や認識の相違だけの問題ではない。

通商条約第三条では外国人の通行権を六郷川（川崎の北方一キロ）まで認めていた。すなわち東海道の「程ケ谷（現横浜市保土ケ谷区）～六郷川間」の交通法規が、通商条約が定める「外国人の指定地域内自由通行権」と大名にとっての「切り捨て御免の特権」が二重に交錯したまま併存し、相矛盾するダブル・スタンダード（二重規範）となっていたのである。

生麦事件を知った横浜在留イギリス商人らは憤激し、英海軍の艦隊司令官らに直ちに強硬措置を取るよう要求した。このときイギリス公使オールコックは一時帰国中だったので、ニール代理公使が事件処理に対応し、本国のラッセル外相に訓令を仰いだ。ラッセル外相は帰国中のオールコック公使、パーマストン首相、それにヴィクトリア女王を交えて西暦十二月二十四日に最終案を決定し、幕府に対しては、

「正式な謝罪と十万ポンドの賠償金支払い」

を、薩摩藩に対しては、

「犯人の死刑と二万五千ポンドの賠償金支払い」を通告することとし、要求が実行されなければ東洋英国艦隊による報復攻撃を行なうよう指示した。

ニール代理公使は文久三年（一八六三年）二月、横浜に集結したイギリス軍艦十二隻の威力をバックに幕府に対して最後通牒を突きつけた。

やむなく幕府は五月九日、賠償金十万ポンドを支払い、戦争を回避した。幕府が支払った賠償金は銀貨二百二十箱分として、大八車二十三台に載せられてイギリス艦隊に運ばれていった。

薩英戦争

だが薩摩藩は、支払いを拒否した。このためニール代理公使を乗せたクーパー提督率いるイギリス艦隊七隻が六月二十七日に鹿児島湾内に投錨。薩摩藩は寺田屋事件で服罪していた西郷従道、大山巌ら精忠組の謹慎を解き、総動員体制を取った。

ニール代理公使は薩摩藩に、六月二十八日、「生麦事件犯人の死刑と賠償金二万五千ポンド」を要求したが、薩摩藩は「斬り捨て御免の国内法が優先される」として奈良原と海江田の引き渡しを拒絶した。それどころか久光は奈良原と海江田に「軍艦にいるイギリス指揮官らを皆殺

しにせよ」と命じ、このため二人は、剣技に優れた薩摩藩士を引き連れ、西瓜売りに化けて、小舟に乗って、

「イギリス軍艦に乗り込み、隠し持った短刀で代理公使、司令官、艦長等を刺殺しよう」

とした。

奈良原喜左衛門、海江田信義、西郷従道、黒田清隆、大山巌ら七十七人の刺客は、髷《まげ》を町人風に結い直して変装し、六月二十九日、七艘の小舟に分乗してイギリス軍艦に迫ったが、イギリス側は大勢で、しかも筋骨隆々・眼光炯々で殺気立った西瓜売りを怪しんで乗船させず、この計略は未遂に終わった。

七月二日早朝、業を煮やしたイギリス側は、鹿児島湾内に碇泊中の薩摩藩汽船天佑丸、青鷹丸、白鳳丸を拿捕《だほ》した。この三隻は総額三十一万ドルを投じて購入した薩摩藩自慢の宝物だった。薩摩藩本営は開戦を決意し、同日正午頃、薩摩藩の十カ所の砲台から八十三門の大砲が火を吹いた。

緒戦は薩摩藩が優勢だった。イギリス艦隊旗艦ユーリアラス号の弾薬庫の前には、幕府から受領した大八車二十三台分の銀貨の銭箱の山がうず高く積み上げられ、弾薬庫の扉を開くのに一時間以上を要し、応戦に手間取ったからである。ユーリアラス号は艦橋や甲板に命中弾を浴び、艦長ジョスリング大佐と副長ウィルモット中佐らが戦死。居合わせたクーパー提督は、砲

弾の衝撃で転倒し、負傷した。

さらに薩摩藩砲台へ肉薄して砲撃を行なったレースホース号は、午後三時頃、海岸に近付き過ぎて暗礁に乗り上げ大きく傾斜し、身動きできなくなった。このため僚艦アーガス号などがレースホース号を曳航《えいこう》して五時半頃に離礁《りしょう》させたが、この間、レースホース号とアーガス号は数多くの命中弾を浴びた。

しかし、午後三時頃、イギリス軍艦に装備された世界最新鋭のアームストロング砲が高性能を遺憾なく発揮すると、形勢は逆転した。さらにパーシュース号が放った火箭《かせん》（ロケット弾）により、城下に大火災が発生。薩摩藩の諸砲台は破壊され、市街の集成館、民家、侍屋敷、寺院など五百余戸が焼失した。

翌日、イギリス艦隊は前日の戦死者を鹿児島湾で水葬し、戦列を立て直して砲撃を続行したが、七月四日、砲弾を撃ち尽くし、イギリス艦隊は鹿児島湾から引き上げていった。

イギリス側の人的損害はジョスリング艦長、ウィルモット中佐ら戦死者十三名と負傷者五十名。薩摩側の戦死者は砲台下士官の税所清太郎ほか数名、負傷者は十数名だった。

イギリス側の物的損害はレースホース号大破、二隻中破など。薩摩側の物的損害は汽船三隻等、諸砲台、火薬庫、集成館、民家、侍屋敷、寺院など。

結局薩摩藩は、犯人は逃亡中との理由をつけ、賠償金二万五千ポンドを幕府から借用してイギリスに支払い、講和した。その意味で、薩英戦争は薩摩藩の敗北である。

しかし人的損害・物的損害に注目するなら、実態的には、痛み分けともいえる。

当時のニューヨーク・タイムズ紙は、

「薩英戦争によって西洋人が学ぶべきことは、日本を侮るべきでないということだ。彼らは勇敢で、西欧式の武器や戦術に長けていて、降伏させることは難しい。英国は増援を送ったにもかかわらず、日本軍の勇猛さをくじくことはできなかった」

と論評。朝廷は、薩摩藩の攘夷実行を称えて褒賞を下した。こうして薩摩藩では、挫折するどころか、

「敵の大将を討ち取り、しかも敵の上陸を許さず撃退したから、われわれの勝利である」

と、戦力の中核として活躍した西郷従道や大山巌ら精忠組の面々が意気を高め、いよいよ久光の手に負えなくなるのである。

八・一八政変

薩英戦争直前の文久三年（一八六三年）六月八日、攘夷派の思想的リーダー真木和泉が入京し、在京の長州藩士や攘夷急進派に対し、攘夷親征論を説いた。攘夷親征論とは、

「天皇が錦の御旗を掲げ、軍隊を率いて、開国派の幕府を攻め滅ぼす」

という過激思想である。

翌七月になると、長州藩重臣たちが入京し、公家衆に攘夷親征の実行を入説《にゅうぜい》したので、攘夷親征論は一段と活発になり、京都は長州藩の独擅場《どくせんじょう》となって攘夷熱がいよいよ高揚した。

これに伴い天誅の嵐も吹き荒れ、七月十九日夜、公武合体派の公卿徳大寺公純《きんいと》の家臣滋賀右馬允《うまのじょう》が襲われて重傷を負い、公武合体派の右大臣二条斉敬《なりゆき》の家臣北小路治部少輔の屋敷が襲われた。翌日には松平春嶽の宿舎に予定されていた東山の高台寺が焼かれ、さらに春嶽に通じていたという理由で本願寺の松井中務が斬殺された。

かくして公武合体派の公卿衆は息を潜め、京都は攘夷一色となった。

翌月には、

「攘夷御祈願として大和国行幸、神武帝山陵、春日社等御拝。御親征軍議あらせられ……」

との「大和行幸の詔」が発せられ、長州藩家老益田右衛門介、長州藩士木戸孝允、同久坂玄瑞、真木和泉、平野国臣ら急進的攘夷倒幕派は学習院（公家の学問所）出仕となり、長州、薩摩、土佐など十余藩の藩主に費用献納や随行の命令が下された。

なお御親征軍議とは、倒幕の作戦会議という意味である。

大和行幸の詔が出されると長州藩は色めき立ち、京都の町では、

「大和行幸ののち、錦旗《きんき》を箱根山へ進め、幕府討伐の兵を挙げる」

との風説が流れた。まさに内戦勃発の危機である。

しかし孝明天皇は強硬な攘夷論者ではあったが、あくまでも公武合体を支持し、現実政治は幕府に任せる、との考えだった。孝明天皇は中川宮を召して、

「公卿・諸大名は、幕府が攘夷を実行しないゆえ、朕《ちん》の親征を仰ぐ、という。だが深く時機を考えてみると、一橋慶喜や松平容保らが奏上するように、武備が充実していないのに外国に開戦するのは尚早である。よって朕の親征はしばらく延期する。そうすれば征幕のこともやむであろう。汝は朕の意を心得て、よろしく取り計らうように」

すなわち倒幕反対のご意思を伝えられた。

こうして長州派排斥の計画は中川宮が中心になり、公武合体派の前関白近衛忠熙、右大臣二条斉敬らが参加し、京都守護職松平容保の会津藩と公武合体を唱える久光の薩摩藩が実行主体となった。

そして文久三年八月十八日午前一時頃、中川宮、近衛忠熙、二条斉敬、徳大寺公純、近衛忠房など公武合体派の公卿や京都守護職松平容保らが参内し、会津、薩摩、淀藩兵らも御所の九門内に入り、門は閉鎖された。かくて朝議が行なわれ、

一、攘夷親征のための行幸の延期。
二、攘夷派公家の参内の禁止。

などが決定された。いわゆる「八・一八政変」である。

宮廷内は公武合体派の公卿衆によって占められ、三条実美、三条西季知《すえとも》、沢宣嘉《のぶよし》、東久世通禧《みちとみ》、四条隆謌《たかうた》、錦小路頼徳《にしきのこうじよりのり》、壬生基修《みぶもとなが》の七人の攘夷派公家は失脚して京都を追われ、長州藩士とともに長州へ下った。

参与会議

薩摩藩と会津藩の武力行使により「八・一八政変」が成功すると、孝明天皇は攘夷派の一掃に満足され、改めて、「幕府に大政を委任する」との考えを示された。すると、これまで、「公武合体は見込みがない」

などとうそぶいていた公武合体派の松平春嶽、山内容堂、伊達宗城らが、物欲しそうにぞろぞろ上洛してきた。

そこで、先に入京していた島津久光は同年十二月、彼らを前に、

「（真の公武合体を確立するためには）将軍を上洛させ、諸侯を朝廷に召して、会議による公議政体を作るべき」

と提案し、認められた。これが「参与制度」と呼ばれるものである。

元治元年（一八六四年）一月十三日、無位無官だった久光は従四位左近衛権少将の官位を授けられ参与に任じられ、一橋慶喜、松平春嶽、松平容保、山内容堂、伊達宗城とともに、天皇の簾前で朝議に参加する資格を得た。久光はよほどうれしかったのだろう。このときの心境を、

「老いの波、たちそふ身にも、春の日の、漏れぬ光に、逢うぞうれしき（皇恩により老人の私にも光が射してきたことがうれしい）」（『島津久光公実紀』）

と詠んでいる。

孝明天皇は、同月十五日に将軍家茂が上洛をすると手厚くもてなし、

「朕、汝を愛すること子のごとし。攘夷の策略を議すべきだが、無謀な攘夷は望まない」

との宸翰《しんかん》を下し、さらに同月二十七日には在京諸藩主に対し、参与会議について、

「故なく外国船を砲撃した長州藩の暴臣など、凶暴の輩を処罰すべし」

との基本方針を示された。

このため、スタートした参与会議の議題は、第一が攘夷すなわち横浜鎖港、第二が長州藩処分になった。

第一の横浜鎖港問題とは、孝明天皇が骨髄からの攘夷論者だったので、参与会議でも鎖国攘夷・通商条約破棄が議題となったが、もはや鎖国攘夷は非現実的と見られており、天皇の顔を立てるために横浜鎖港（横浜港を閉鎖すること）が論じられたのである。しかし参与たちは全員が開国派で、いまさら「鎖国攘夷など不可能」と考えていたので、横浜鎖港にも反対であった。ところが会議をリードする久光への対抗上、突然慶喜が横浜鎖港に賛同したため、議論は沸騰、平行線をたどった。

第二の長州藩処分とは、「八・一八政変」で京都を追放された長州藩が失地回復を目指し嘆願書を提出したため、これをどう裁定するか、という難問である。久光は、関門海峡を航行中の薩摩藩蒸気船長崎丸が文久三年（一八六三年）十二月二十四日、長州藩砲台からの砲撃で沈没し、薩摩藩士宇宿彦右衛門ら二十数人が死亡した長崎丸事件を持ち出し、「長州征伐軍を派遣し、長州藩主父子を大坂へ招致すべき」との強硬論を主張。片や山内容堂は、まず江戸で話を聞くべきと譲らず、これも議論は結論を得られぬまま、紛糾を続けた。

結局、参与会議は、孝明天皇を失望させただけで、わずか三カ月で瓦解した。

西郷は沖永良部島から召喚される

薩摩藩は、鎖国が祖法とされた江戸時代、積極的に密貿易を行なって富を蓄積し、近代兵器を揃えた。このことに薄々気づいていた幕府は調査のため「薩摩飛脚」と呼ばれる密偵を送り込んだが、彼らは藩境を越えて薩摩藩領内へ入ると間もなく、独特の薩摩弁に阻まれ、数里も行かぬうちに見破られたという。

もともと坊津《ぼうのつ》など薩摩の諸港は、室町時代の対明貿易の頃から開けていた。戦国時代の天文十八年（一五四九年）にザビエルがキリスト教布教のため鹿児島に来着すると、当時の薩摩藩主島津貴久は、火縄銃の輸入を期待してザビエルの布教を許可した。薩摩藩の鉄砲隊は、こうして整備されたのである。安土桃山時代になって茶の湯が流行すると、薩摩藩は一個銀五十貫から百貫の高値を呼んだルソンの茶壺をマニラから大量に輸入し、京都や大坂の商人に売って利益を上げた。また慶長年間には、薩摩藩は徳川家康から呂宋《ルソン》渡航朱印状を得て活発な対ルソン貿易を行なっている。

わが国が鎖国体制に入ると、薩摩藩は琉球への統制をますます強め、琉球貿易を活発化させた。琉球貿易は「一度の航海で蔵が立つ」といわれたほど莫大な利益が上がったから、この密貿易が薩摩藩の財政を潤した。薩摩藩が、ついには幕府を倒すほどの実力と財力を蓄えることができたのも、この密貿易のおかげである。

余談ながら、私の高校時代の友人Hは明朗闊達で爽やかな男だったが、卒業して数十年ぶりに同窓会にひょっこり顔を出した。このときHは、

「皆としばらく会わなかったが、国際協力事業団に入ってアルジェリアに勤務していた」

といった。私はアルジェリアといえば、流行歌「カスバの女」の、

「ここは地の果てアルジェリア、どうせカスバの夜に咲く、酒場の女の薄なさけ」

くらいしか知らないので、人生の大半をアルジェリアで過ごしたHに驚いていると、彼は、

「僕は爺さんの代まで薩摩だったんだ。先祖は海を越えて密貿易に従事していた。だからそのせいか、いまでも僕は海を見ると心が躍り、海外雄飛に憧れる。アルジェリアはアフリカ文化圏というより地中海文化圏なんだ。地の果てなんかじゃない」

と講釈を垂れてわれわれを感心させた。いま彼は、定年を迎え、地中海音楽とワインを楽しむ日々だという。


さて、薩摩では、薩英戦争で奮戦した西郷従道や大山巌や伊地知正治ら精忠組の発言力が増すと、西郷赦免を求める声が次第に大きくなった。すなわち、大久保利通や小松帯刀だけでは人脈に乏しく、西郷待望論が勢いを増してきたのだ。彼らは西郷赦免を大久保や小松に働きか

けたが、両名とも西郷を憎む久光に恐れをなして逃げたので、久光お気に入りの歌人、高崎正風に相談を持ちかけた。

高崎は、人の心を読むことに長けた男だった。

久光に面謁した高崎は、

「もはや久光様は天下の中枢におつきないもした」

とおだてたあと、

「こいからは、小回りの利く男が必要ではあいもはんか。あの西郷ならば京の公家にも江戸の大奥にも顔が利きもす」

と話を持っていったのである。

その結果久光は、ついに折れた。

苦々しい表情ながら、

「左右みな西郷を賢なりというか。しからば久光一人がこれをさえぎるは公論にあらず。忠義に伺いを立てよ」

といったのである。このとき久光は悔しさのあまり、くわえていた銀のキセルを歯で強く噛み締め、その吸い口に歯形を残した、という。

西郷赦免の使者が元治元年（一八六四年）二月二十日に沖永良部島へ着き、翌日、西郷は島を離れた。西郷は途中、奄美大島に立ち寄って四日間滞在し、愛加那、菊次郎、菊子との再会を果たし、二月二十八日に鹿児島へ帰った。

以後西郷に、愛加那と会える機会は、ついに訪れなかった（愛加那はこのとき、西郷から形見として毛髪を受け取った。その毛髪の鑑定から、西郷の血液型はB型であったことが判明している）。

西郷は蛤御門の変で活躍する

西郷は滞京中の久光に面謁するため、三月四日に鹿児島を発ち京都へ入った。同月十八日に久光に会うと、久光は西郷を軍賦役《ぐんふえき》（軍司令官）兼諸藩応接役（政務官）に任じて、「御所の守衛を一筋に果たし、薩摩藩の名誉を守るよう」命じた。すなわちこれは、久光が西郷に藩政を丸投げした、といえる。そしてこのときから西郷の縦横無尽な維新への活躍が始まるのである。

その頃、西郷の配流中に起きた「八・一八政変」で会津藩と薩摩藩によって京都を追われた長州藩では、再び京都へ進出して失地を回復したい、とのいわゆる進発論が渦巻いていた。進発論の急先鋒は来島《きじま》又兵衛である。鎧兜がよく似合い、戦国武将のような風貌で豪傑肌の来島

は、この年の正月、

「この首を、取るか取らるか、今朝の春」

との句を詠んで、熱血の気を披露している。

元治元年六月、進発論は一気に怒号と化し、十五日、長州は暴発する。

長州藩兵三千余人は福原越後、国司信濃、益田右衛門介の三家老に率いられ、三田尻港から出陣した。京都に着いた長州藩兵は伏見口に福原越後、嵯峨の天竜寺に国司信濃・来島又兵衛が、山崎口天王山に益田右衛門介・真木和泉・久坂玄瑞らが布陣し、三方から洛中を包囲した。

これに対して会津藩は、九条河原付近および京都御所の蛤御門、唐御門に守備兵力を配置した。しかし会津藩兵は二千人で兵力が足らず、苦戦が予想された。

長州勢は七月十八日深夜、京都御所へ向け進撃を開始。天竜寺から進撃した国司信濃・来島又兵衛の部隊千余人は津藩兵の守る下立売《しもだちうり》御門と、筑前福岡藩兵が守る中立売《なかだちうり》御門と、会津藩が守る蛤御門を攻撃した。前年から積もりに積もった恨みを晴らすかのごとき長州の勢いは凄まじく、戦意が乏しい津藩兵を蹴散らし、筑前福岡藩兵も撃破し、蛤御門の会津藩兵は、前面に来島又兵衛隊、背後に国司信濃隊を迎えて包囲され、苦境に陥った。

このとき西郷は、伊地知正治ら薩摩藩兵三百人を率いて乾御門を守り抜き、さらに蛤御門へ応援に駆けつけた。また清所《せいしょ》御門を守っていた桑名藩兵も蛤御門へ応援に駆けつけ、長州勢を迎撃した。来島又兵衛は銃撃を受けて戦死し、蛤御門へ攻め込んだ長州勢は崩れて潰走した。このとき西郷は足に銃弾を受けて軽傷を負っている。

山崎口天王山から入京した真木和泉隊九百人は堺町御門で越前藩兵と激突したが、薩摩、会津、桑名藩兵が加勢に駆けつけると壊滅状態になった。こうして長州は再び敗れ去ったのである。

この戦いで薩摩兵団の強さが際立ったため、軍司令官、西郷吉之助の名が、京中にとどろくことになった。

第六章　勝海舟に騙された西郷

第一次長州征伐の勅命下る

七月十九日に京都御所へ攻め込んだ長州勢が蛤御門、堺町御門などで撃退され、山崎口天王山へ逃れた真木和泉らが七月二十一日に自刃し戦闘が終焉すると、孝明天皇は御所へ発砲した長州藩の暴挙に激怒され、同日、長州藩追討令を発令。二日後の七月二十三日、禁裏守衛総督一橋慶喜に、

「防長へ押し寄せ、速やかに追討あるべきこと」

との勅命を下された。御所へ攻め寄せた長州藩の意図は、

「玉（＝孝明天皇）を掌中に奪い、天皇の身柄を長州へ移して幽閉し、攘夷を断行する」

という身勝手なものだったから、天皇が怒るのももっとものことだった。

長州藩追討の勅命を受領した禁裏守衛総督一橋慶喜は、翌七月二十四日、直ちに松江、津山、宇和島、熊本、小倉、薩摩などの中国、四国、九州の二十一藩に出兵準備命令を伝達。将軍家茂は八月二日、長州への出陣を布告して西国の三十五藩に出兵を命じ、幕府軍総勢十五万人が長州藩内に攻め込むことになった。さらに朝廷は八月二十二日、長州藩主毛利敬親と世子定広の官位を剥奪した。

薩摩藩の久光も西郷も、長州を叩き潰すことでは一致していた。文久三年十二月二十四日、

関門海峡を航行中の薩摩藩船長崎丸が長州藩の砲撃で沈没。さらに長州藩攘夷派は元治元年二月十二日、薩摩藩御用船加徳丸が綿を積んで周防灘の田布施《たぶせ》へ寄港したところを襲撃し、船主大谷仲之進を殺害して加徳丸を積荷ごと燃やした。

先にも述べたとおり、坊津など薩摩の諸港は室町時代の対明貿易の頃から開けており、戦国時代にザビエルが鹿児島に来着すると薩摩藩は、キリスト教布教を許可して火縄銃を輸入。安土桃山時代に茶の湯が流行するとルソンの茶壺をマニラから輸入し、慶長年間には徳川家康から呂宋渡航朱印状をもらって活発なルソン貿易を行なった。のちに鎖国が祖法とされると、密貿易にいそしみ、とくに寛永年間以降は活発な琉球貿易を行なった。

薩摩藩にしてみれば、要するに、貿易が公認されるなら免許状を得て公的貿易を行ない、貿易が禁止されるなら密貿易を行なう、というだけのことである。いずれにせよ、貿易に必要なものは船である、だから薩摩藩は船を大切にした。

薩英戦争のときニール代理公使は、鹿児島湾内に碇泊中の薩摩藩船天佑丸、青鷹丸、白鳳丸の三隻を拿捕した。三隻の輸入総額は三十一万ドルである。ニール代理公使は、薩摩藩が賠償金二万五千ポンド（＝十万ドル）を支払って三隻三十一万ドルを取り戻すなら、差し引き二十一万ドルの戻りになるから、薩摩藩から、

「賠償金を支払うから、三隻を返してくれ」

との申し出があるだろう、と予想した。しかし薩摩藩は、三隻を拿捕した行為そのものに激怒し、薩摩藩の十カ所の砲台から八十三門の大砲が火を吹き、戦端が開かれた。ニール代理公使もびっくりしたことだろう。

薩摩藩の船に対する思いは、ここまでも深い。だから久光も西郷も、長崎丸事件や加徳丸事件で薩摩藩船を沈没させた長州に激怒していたのである。

西郷は土佐藩、久留米藩を抱き込み、両藩との連署で朝廷に長州討伐命令の発出を建議。かくして長州征伐の勅命が下る。つまり、第一次長州征伐の発案者は孝明天皇と西郷隆盛であったのだ。

朝陽丸事件

もちろん、長州藩の外国船砲撃に手を焼いていた幕府も、積極的に動いた。

文久三年（一八六三年）五月、長州藩はアメリカ商船、フランス軍艦、オランダ軍艦を砲撃。すると六月一日にアメリカ軍艦から、六月五日にフランス軍艦から報復攻撃を受けた。

この件について列強は幕府にも不満を強めている。そこで幕府が詰問使を長州へ送ったところ、詰問使が殺害されるという事件が起きた（朝陽丸事件）。殺したのは奇兵隊である。

すなわち幕府は七月十六日、長州藩への詰問使中根一之允《いちのじょう》に、

「異国船をみだりに砲撃するとはどういうつもりか」

との文書を持たせ、朝陽丸で下関へ派遣した。すると長州藩は中根に、

「小郡で応接したい」

と申し出たので、詰問使一行六名は下関を発って小郡へ移り、七月二十九日、文書を長州藩に渡した。これに対し長州藩は八月四日、中根に、

「砲撃は、朝廷からの攘夷の朝命に従ったに過ぎない」

と木で鼻をくくったような返答をした。ところがその最中の八月九日、奇兵隊士らが下関に停泊中の幕艦朝陽丸を分捕ったのである。彼らは乗組員らを縛り上げ、

「攘夷を実行しない幕府に軍艦は不要。攘夷を行なうわれら奇兵隊が朝陽丸を拝借する。詰問使など討ち取ってしまえ」

と気勢を上げた。予期せぬ事態に驚愕した長州藩当局は、奇兵隊士らに書を下して、

「押し借りとは不穏当である。幕艦朝陽丸を速やかに詰問使に返還するよう」

命じたが、奇兵隊士らはこれを無視し朝陽丸を抑留し続けた。そこで世子毛利定広が下関へ出向き、朝陽丸を詰問使に返還するよう、奇兵隊士らを説得し、朝陽丸はようやく解放された。

ところが朝陽丸返還を不服とした奇兵隊士らは腹いせに、小郡から戻る途中の中根一之允一行

を襲って殺害したのである。まるで野盗、強盗の所業ではないか。結局、詰問使暗殺の下手人は分からず、未解決事件となった。

しかし幕府はこの事件を重要視して、長州藩に対してますます態度を硬化させたのである。


長州征伐の勅命が下ると、征討軍の大将すなわち総督を誰にするか、という問題が生じた。征長参謀は薩摩藩軍賦役西郷隆盛にすぐ決まった。薩摩藩が土佐藩、久留米藩との連署で朝廷に長州征伐を建議し、西郷の意見によって長州征伐の勅命が下ったからである。

問題は総督である。西郷は一橋慶喜に期待し、

「総督には幕府内で最も剛直な慶喜が最適任だ」

と、慶喜を強く推した。

しかしいくら期待されても禁裏守衛総督一橋慶喜には、征長総督になれない事情があった。長州藩動員予想兵力四千人に対し、薩摩藩動員予想兵力八千人、松平春嶽の越前藩は動員予想兵力三千人。ところが慶喜の一橋家は、将軍に継嗣がいないとき将軍候補を出すことが目的の家柄で、軍事的貢献を求められていなかったため、独自の家臣団を持たず、動員兵力はほとんど見込めず、実家の水戸家から借りた約二百人が、やっとだった。

そもそも手勢二百余人で総勢十五万人の大軍を指揮することは不可能だったのである。

そこで元尾張藩主徳川慶勝が元治元年（一八六四年）八月十三日に総督に指名された。だが慶勝は一藩平和主義の日和見主義者で覇気がなく、戦費のかかる出兵に消極的なまったくやる気のない男だった。慶勝が渋々総督に就任したのは、遅れに遅れて、十月五日であった。

西郷の優れた洞察力

西郷は、当初、

「長州藩（三十六万九千石）が降伏したら、五万石か六万石へ減封して国替えをさせなければ、将来、必ず、長州は日本国の禍《わざわい》になる」

と考え、八月一日、大久保に宛てた手紙で、

「自分は、征長副総督に想定されている松平春嶽に『早く長州藩を御征討これなくては、長州藩がいかなる奸謀も図り難く候につき速やかに征討するよう』督促している」

と伝え、さらに、

「長崎にて異人の軍艦借り申すまじきや。二艘ばかりも相整え候らえば、長州を攻め破り候にはよろしかるべきと存じ候。ここもとにても幕府に申し入れ候にござ候」

とし、長州藩攻撃のため外国軍艦二隻を借りるよう幕府に申し入れた、と書いている。

また西郷は九月七日、幕府の征長準備が遅れていることに苛立ち、大久保に、

「狡猾の長州人に候らえば、いかなる巧みか計り難く、速やかに兵力を以て相迫り、長州が降伏後は、わずかな領地を与え、東国辺りへ国替を仰せられず候ては、行く先、薩摩藩の災害となりかね候儀もはかりがたし」

との書簡を送った。これでもわかるように、西郷はこの時期、幕府に協力して長州藩を攻撃することのみを考え、倒幕などという意思はまったくなかったのだ。西郷は、長州藩を降伏させたら、速やかに長州処分を行ない、長州藩の領地を大削減して、東国へ転封することまで考えていたのである。

こうした西郷の洞察力は秀逸なものであって、西郷は、当時の長州人の本性をよく見抜いていた、といえる。

西郷隆盛と日本陸軍

幕府はこののち翌慶応元年（一八六五年）に第二次長州征伐を行なうが、このとき幕臣だった福沢諭吉は幕府に、

「長州は、将来、日本国の害毒となるから、外国軍隊の支援を受けてでも取り潰すべき」（『長

州再征に関する建白書』）

　であると献言した。福沢は国家百年の計の観点から、長州人の朝鮮半島・大陸侵略が将来の日本の害毒となると見抜いたらしく、この着眼がのちの『脱亜論』に発展するらしい。

　ところで私は講演などでよく、

「西郷を好きですか？　嫌いですか？」

　と問われて困惑する。私はもともと銀行員であるから、

「事業計画に妥当性があり償還可能で担保があるなら嫌いな相手でも融資をするし、事業計画に妥当性がなく償還不可能で担保もないなら好きな相手でも融資を断る」

　と答えるのである。従って、好悪《こうお》の感情は、融資の可否判断と関係ない。

　私が通っていた小料理屋のトイレの壁に、

「好きなあなたに貸したいけれど、貸せばあなたは来なくなる」

　という達筆の短冊《たんざく》が貼ってあった。私の立場はこれに近い。私は、

「歴史学は、好悪の感情から切り離してこそ、成立する」

　と考えている。その意味で私は、

「主人公を美化し思い入れたっぷりに感情移入して描く司馬史観は、面白い講談であって、歴史（ノンフィクション）とはいえない」

と考えている。

前著『明治維新の正体』でも述べたが、私の研究テーマは「明治維新」であるが、それは「なぜ日本は無謀な太平洋戦争に突入したのか」を解明したいと思うからである。前にも触れたが、私は、太平洋戦争が惨憺たる敗戦となって終わった三年後の昭和二十三年に生まれた。

私が子供の頃、東京の街には敗戦の傷跡が生々しく残っており、銭湯には片足を失った帰還兵の方が入浴に来ておられ、渋谷の駅頭では白衣を着た傷痍《しょうい》軍人の方々がアコーディオンで軍歌を奏でていた。私にとっての軍歌とは、傷痍軍人の方々の物悲しいメロディーでしかない。

そして歴史に強い関心を持った私は、

一、太平洋戦争は、何故、始まったのか。避けることはできなかったのか。
二、もし避けられない戦争だったのなら、物量が乏しいにせよ、勝つ戦術はなかったのか。
三、やむを得ず負けるのなら、もっと早く降伏して戦争の被害を最小にする方策はなかったのか。

と考え、大人になったらこの研究をしたい、と思った。

小学校六年生のとき、伊藤正徳の『帝国陸軍の最後』のラジオ朗読番組は毎回欠かさず聞いた。会津若松での二年間の中学校生活は、はじめの頃、友達もできない孤独で寂しいものだった。そんなある日、級友の一人が、

「ほら見ろ。あれが小田山だ。あそこからお城に大砲を撃ち込まれたんだ」

と悔しそうに語った。指さす方角を見ると、靄《もや》のなかにそれらしい稜線が見えた。このときから私は、小学生のとき以来の疑問の解答として、

「薩長が会津を滅ぼしたことこそが、無謀な太平洋戦争に突入した原因である」

と考えるようになった。

高校生のときには、文学部国史科へ進学して、

「太平洋戦争突入の最大原因である昭和陸軍派閥抗争史を研究したい」

と思ったこともある。当時の私の着想では、

「伊藤正徳の『帝国陸軍の最後』を第三部と位置づけ、私なりの第一部『帝国陸軍の誕生』、第二部『帝国陸軍の変遷』」

を書きたかったのだ。だが、これは困難を極めた。

巨動車メーカーが自動車を製造するには、協力部品メーカーから自動車部品を購入してアッセンブル（組み付け）するのである。歴史研究も同様で、先行研究の各論をアッセンブルして

鳥瞰図《ちょうかんず》を描くのだが、日本陸軍史を書くには先行研究の各論が極めて乏しいので、先行研究を自分で一から行なわねばならないからである。

そこで第二部『帝国陸軍の変遷』は、大正期については拙書『日本征服を狙ったアメリカのオレンジ計画と大正天皇』（かんき出版）に、太平洋戦争突入の最大原因である昭和陸軍派閥抗争史については拙書『アメリカの罠に嵌まった太平洋戦争』（自由社）に、すなわち二冊に分けて書いた。

第一部『帝国陸軍の誕生』については、大村益次郎、山県有朋、西郷隆盛の三人が重要人物であると考え、大村益次郎、山県有朋については拙書『日露戦争と日本人』（かんき出版）の第三章「日本陸軍」に詳述した。しかし『帝国陸軍の誕生』における最大重要人物である西郷隆盛については手付かずだった。西郷はあまりにも大きく、簡単には把握できなかったからである。しかしようやく本書で西郷を書くことができた。

これで先行研究が出揃ったことになる。

従って、これらを再編成して一本柱に組み替えれば、第一部『帝国陸軍の誕生』、第二部『帝国陸軍の変遷』が完成するはずである。

ＧＨＱの洗脳

このように私の歴史観は、

一、薩長が会津を滅ぼしたことこそが、無謀な太平洋戦争に突入した原因である。

二、帝国陸軍は幕末維新において誕生し、幾多の変遷を経て、太平洋戦争で最期を迎えた。

というもので、幕末維新から敗戦までが一気通貫している。

他方、司馬遼太郎氏は『この国のかたち』（文春文庫）などにおいて、日露戦争勝利の明治三十八年あるいは大正末年から昭和二十年の敗戦までを「異胎」とか「日本史のなかの鬼っ子」とか「魔法使いが杖をポンと叩いて生じた魔法の森」などと名付け、「何かの変異で遺伝学的な連続性を失った非連続の時代」と規定しているが、私にいわせれば、これは商業的売文のための虚構以外の何物でもない。

因果応報というように「原因なければ結果なし」であって、歴史研究者はその相当因果関係（いかなる事情でそうなったのかということ）を解き明かさねばならない。歴史は連綿たる一貫性を持っており、「何かの変異で遺伝学的な『異胎』や『魔法の森』が生じ非連続の時代が生じる」ことはあり得ない。そんなことをいうのは御都合主義か、洞察不足か、あるいは何らかの重大事象を隠蔽《いんぺい》する目的のためであろう。

その意味で私は、司馬遼太郎氏と一八〇度対極の位置にあり、司馬史観なるものを認めていない。

昭和二十年（一九四五年）八月十五日に終戦となるや、連合国軍最高司令官総司令部（GHQ）は、占領政策の一環として、GHQ民間情報教育局ラジオ課が作成した宣伝番組『真相はこうだ』を、NHKラジオを通じて同年十二月九日から十回にわたり、毎日曜日午後八時から放送。その後、番組は『真相はこうだ―質問箱』、『真相箱』、『質問箱』と、名称と内容を変えながら昭和二十三年（一九四八年）一月まで続けられる。二年余に及ぶ放送の目的は、①日本人の戦争に対する罪、②現在と将来の苦難と窮乏は軍国主義者の責任であること、③連合国軍の占領は正当であること、を日本人に周知徹底させることであり、「太平洋戦争とは、日本の軍閥指導者が無謀な世界侵略を目論み、日本国民を侵略戦争に駆り立てたため、連合国軍から制裁を受け、日本を破滅させたのだ、とする東京裁判史観」を日本人の脳裏に植え付けることだった。

当時、新聞などの言論機関はGHQの統制下にあり、番組がGHQの作成したものであることはもちろん秘匿されていた。番組のストーリーは巧妙で、真実半分・嘘半分という作り方によってGHQの方針に沿った「歪められた歴史観」を捏造し、叙情的な音楽や音響効果を駆使するなど、日本人を洗脳する工夫が巧妙に施されていた。このため、戦災に打ちひしがれた多くの日本人がこのプロパガンダに洗脳され、歴史の真相を見失ったのである。公共放送としてのＮＨＫは、その後、このことを自己批判して総括しただろうか？ほっかむりのまま、済ませていないだろうか？

そして、どうやら、司馬遼太郎氏自身もこれに洗脳された一人だったように見受けられ、司馬史観の根底には、「東京裁判史観の呪縛」が色濃く投影されているように見える。

司馬史観に基づく歴史小説がＮＨＫ「大河ドラマ」を通じて、日本人に多大な影響を及ぼしていることも、気になる点である。ＧＨＱの宣伝番組『真相はこうだ』は毎日曜日午後八時から放送されたが、現在の大河ドラマが同じ時間帯に司馬作品を繰り返し放映したのは、ＮＨＫが自己批判も総括もしていないからなのだろうか？

ＮＨＫが戦中に軍部の意向に従って大本営発表という虚偽を報道し、戦後はＧＨＱにおもねって東京裁判史観を垂れ流したのだとすれば、由々しきことである。

西郷の海主陸従論

話を本筋に戻す。限られた紙数なので、ここで、論証過程は既述の拙書に譲って、結論の骨子だけを述べる。

西郷の理想は、総人口一割未満の失業士族による少数精鋭の「士族の陸軍」ともいうべき小規模陸軍の創設だった。農民は徴兵されることをいやがったし、失業士族は軍人という新しい就職口の独占的確保を望んだから、西郷の「士族による小規模陸軍」が実現していたら、国民から歓迎されたことであろう。

そもそも日本は島国＝海洋国家だから、国防の基本は海主陸従であるべきなのだ。繰り返すが、薩摩藩は終始一貫した開国派であって、攘夷を唱えたことはなく、貿易が公認されるなら免許状を得て公的貿易を行ない、貿易が禁止されるなら密貿易を行なう。薩摩人は朝鮮半島や大陸に関心はなく、海外の文物を好んでルソン、ジャワ、シャム、インドなどとの海を越えた交易を指向し、貿易に必要な船舶を大切にした。

西郷が、明治六年の政変で帰郷したとき、弟従道の同行を許さなかったのは、従道をはじめイギリス留学中の東郷平八郎らに日本海軍の将来を託したからではあるまいか。「薩の海軍」はここに発する。西郷および薩摩人が海外貿易を奨励し、交易船を外国艦隊や海賊から守るための海軍を目指すとするなら、それは重商主義ともマハニズムともいえる。

アメリカのマハン海軍大佐は一八九〇年（明治二十三年）に『歴史に及ぼす海軍力の影響』（別名・海上権力史論）を発刊して、

「海軍力で保護された海外貿易によりアメリカの経済的発展を期すマハニズム」を提唱し、セオドア・ルーズベルト大統領の支援を受けるが、西郷はその二十数年前に、ルソン、ジャワ、シャム、インドなどとの交易という「マハニズム」を指向したのである。

明治二十三年にマハニズムを提唱したマハン大佐の偉大さを理解できない日本人は、マハンの二十数年前にマハニズムを指向した西郷の偉大さもまた理解できないのである。

長州の正体

作家の林房雄氏は、

「日米冷戦は（日露戦争が終わった）明治三十八年八月二十九日にはじまった」（『大東亜戦争肯定論』番町書房）

とし、大東亜戦争（太平洋戦争）は避けられなかった、と述べている。そうかもしれない。

しかし西郷の「海主陸従論」が採用されて、日本が平和的な海外貿易を行ない、交易船を外国艦隊や海賊から守るためにのみ海軍を保有するという重商主義あるいはマハニズムを採ったならば、

「戦前の日米関係は、米英関係のような友好関係になって、太平洋戦争を避け得た」

のではないか、という気さえする。

こう考えてみると、西郷が西南戦争で敗死したことは、

「大規模陸軍＝小規模海軍すなわち『陸主海従論』を唱える山県有朋が陸軍を支配する」

という痛恨の結果を招いたのである。

かかる意味において西郷が、元治元年（一八六四年）九月七日に、

「将来、長州は日本国の禍になる」

と判断したことは、その後の日本近代史を正しく予測したともいえる。

また福沢諭吉が慶応元年（一八六五年）、幕府に、

「長州は、将来、日本国の害毒となるから、外国軍隊の支援を受けてでも取り潰すべき」

と献言したのも、長州人の朝鮮半島・大陸指向が日本の過ちとなる、と警告したかったからであろう。

最も優れた軍人で秀逸な洞察力を持つ西郷と、最も優れた文化人で日本人を啓蒙した福沢が、ともに、長州の正体を見抜いたのである(だが現代日本人は、これらの警告すら理解していない)。

その意味で関良基氏による、

「薩摩が長州と組んで武力討幕に向かったことによって、明治維新は王政復古クーデターと戊辰戦争という流血を経て、天皇を神格化する祭政一致のコースを選択する最悪の経路をたどっ

た。その初動の誤りが、修復不可能なほど拡大し、昭和の亡国につながった」（『赤松小三郎ともう一つの明治維新』作品社）

との指摘は、まことに正しいといえる。

また前国会議員亀井静香氏は、

「明治維新から昭和二十年八月十五日に至る日本の近代史は、政府内の権力闘争が明治維新当初の理念を捻じ曲げ、天皇陛下のお立場そのものさえ危機に追い詰めてしまった歴史だ。長州閥は天皇陛下を利用しつつ、自らの権力を拡大していき、その帰結として先の敗戦があるとも言えるのだ」（『月刊日本』二〇一三年九月号）

と論じており、私もこの見解に同意したい。

亀井氏は、明治維新当初の理念を捻じ曲げた政府内の権力闘争が何であるかを明示していないが、私は、西郷に征韓論者なる濡れ衣を着せて追い落とした「明治六年の政変」によって引き起こされた「西南戦争」であろうと考えている。すなわち私は、

「明治維新の完成といわれる西南戦争こそが、太平洋戦争敗戦の始動点《スタート》だった」

と考えているのである。

関良基氏はさらに、

「明治維新の『初動』時に植え付けられた誤謬《ごびゅう》の根は、敗戦によってもなお潰えず、今日の安

倍政権に至るまで根を張って、日本を呪縛し続けている」（前掲書）

と断じた。

私は近代史研究家なので、現代史についての論及は控えたい。しかし、西郷と福沢諭吉が異口同音に長州の本質を看破したことは、その後の日本近現代史の展開を国家百年のスパンで正しく予測した慧眼であったのだ。

江戸時代という近世から明治という近代へ移る過程で、討つべきものは幕府ではなく、長州のブラック集団だった。維新最大の功臣である西郷が西南戦争で敗れ、賊軍として城山の露と消えたのは、西郷が討つべき相手を間違えた結果なのである。

西郷は勝海舟に騙された

元治元年（一八六四年）、征長参謀に就任した西郷は、長州征伐に極めて積極的だった。

西郷は、総督徳川慶勝にまったくやる気がなく出兵準備がもたつくのを見て苛立ち、同年九月十一日、幕府軍艦奉行勝海舟と、

「兵員輸送なり砲撃なり、幕府軍艦の出動を督促すべく」

大坂で初めて会見した。このとき勝は幕臣の身でありながら、

勝海舟

「現在の幕府は組織が硬直化し、責任の所在が曖昧で、正論を唱えれば排斥される。幕府官吏は、蛤御門の戦に勝ってからすっかり太平無事の気分になり、ますます反動化した。その上、よほどずるくなり、どこに権限と責任があるやら分からぬよう『一同持合い』にして、正論を出す者がいると『ごもっとも』と表面は同意して、実はその者を退ける。一小人を退けるのは訳ないが、そのあとがだめだから、結局、正論を立てた者が倒れて終わるだけである。仮に薩摩藩が幕府官僚に良い意見を出して、その者が、その意見を実行しようとすると、周囲の者から『その者は薩摩藩に騙されている』といいふらされて失脚する。外国人も『幕吏相手の交渉は埒が明かない』と軽蔑している。従って、薩摩藩が幕府を支えることは無意味である。長州征伐など幕府を利するだけだ。いまの幕府は、朽ちかけた大木のようなもので、国難を担当する力などない。長州征伐など、早く適当な処分で兵を収めるべきだ」

と、幕府に悪口雑言を浴びせ、西郷の「やる気」を削いだ。

そこで西郷が勝に、

「では、これからどうしたらよいのか」

と問うと、勝は、

「幕府に天下を統一する力はないから、四〜五人の賢侯が会同する雄藩連合政権により横浜・長崎を開き、兵庫開港を筋を立てて談判し、雄藩の尽力で国政を動かせば、政局安定と国是の決定に至る。会津藩など幕府第一主義の奸臣らに一撃を加えて局面を打開し、国内の統一を図るがよろしい」

としゃあしゃあと答えた。

なんと勝はこのとき、会津討伐を、西郷に吹き込んだのである。

勝のいう「四～五人の賢侯が会同する雄藩連合政権」とは、前年に慶喜や久光や春嶽らが参加し、いましがた崩壊したばかりの参与会議の看板を付け替えたもので、何の新味もないどころか、噴飯ものに過ぎない（ちなみにこの参与会議が瓦解したのは席上、慶喜が島津久光、松平春嶽、伊達宗城を指さして「この三人は天下の大馬鹿者だ、俺と一緒にするな」と厳しく非難して場が険悪になったからである）。

にもかかわらず西郷は、勝のハッタリにすっかり騙されてしまい、大久保に宛てた手紙で、

「勝氏へ初めて面会つかまつり候所、実に驚き入り候人物にて、最初は打ち叩くつもりにて差し越し候所、とんと頭を下げもうし候。どれだけ知略あるやらしれぬ塩梅《あんばい》に見受け申し候。まず英雄肌合いの人にて、佐久間象山より、事のでき候儀は一層も越え候らわん。学問と識見においては、佐久間は抜群の事に候らえども、現実事に臨み候てはこの勝先生、とひどく惚れ申し候」

と、勝を絶賛した。強硬な反長州派だった西郷は、勝に丸め込まれて、倒幕へと、大きく舵

を切るのである。

失脚寸前だった勝海舟

西郷が勝に会った元治元年（一八六四年）九月は、勝失脚の一カ月前。勝は、自分の立場が風前の灯のように危うくなってきたので、得意の「実力者へのコネのつけ方」「自己アピール」「ハッタリ」という抜群の才能を発揮して、西郷をたぶらかしたのである。

そもそも咸臨丸の航海中、船酔いで寝ていただけの勝は、帰国後、「オランダ語はできるが、操船の技量は近海航行まで。外洋航海の技量なく海軍の適性なし」と判定されて海軍から放逐され、翻訳を目的とする蕃書調所頭取助に転属させられたが、勝はこれを不満とし、蕃書調所での勤務態度は不真面目でさぼってばかりいた。

勝に運がめぐってきたのは、島津久光が文久二年（一八六二年）に江戸へ入って一橋慶喜・松平春嶽を将軍後見職・政事総裁職に任じるよう求め一橋派が息を吹き返したときである。安政の大獄に連座した大久保一翁が七月三日に御側御用取次として復権、勝は一翁の引きで閏八月十七日に軍艦奉行並に就任したのだ。ようやく陽の目を見た勝は、一翁およびその一派の春嶽の人脈に属して活動した。

ところが勝が頼みとした肝心の政事総裁職松平春嶽は、少しでも困難があると逃げ出す無責任さで、翌文久三年（一八六三年）三月二十一日、「攘夷の不可能を知りながら、朝廷から攘夷の命令を拝するのは朝廷を欺《あざむ》くもの」などと綺麗事を並べて政事総裁職を辞任し国元へ帰ってしまう。

政治的基盤を失った勝は、三月二十八日、攘夷倒幕派の急先鋒である井上馨と密会し、翌三月二十九日と四月二十七日には、木戸孝允（当時は桂小五郎）と密かに意見を交換した。勝は幕府の苦衷を尻目に、攘夷倒幕派の長州藩へ寝返ったのである。

一方、六月九日、将軍家茂が京都を離れ江戸へ戻るとき、勝は家茂を蒸気船順動丸（元イギリス船ジンキー）に乗せた。軍艦奉行並という地位では、そうやすやすと将軍に近付くことはできないが、勝は社長専用車の運転手のように、船内で将軍家茂に近付き、「実力者へのコネのつけ方」「猟官運動」「自己アピール」など抜群の才能を発揮しておねだりをし、神戸海軍操練所設立と毎年三千両の運営費交付の許可を得る。

勝は元治元年（一八六四年）五月十四日に軍艦奉行に昇格し、五月二十一日に神戸海軍操練所も開設されたが、神戸海軍操練所に入所したのは塾頭坂本龍馬のほか北添佶摩《きつま》、望月亀弥太ら土佐藩脱藩者など倒幕を公言する反幕府的な色彩の強い者ばかりで、幕府当局から危険視された。

勝は七月十八日に「蛤御門の変」が発生すると、日記に、

「長州を善とし、会津を殊《こと》に悪とする京地の風評あり」（『海舟日記』）

と書いて長州に同情を示し、

「会津藩はその規模ことに狭小。必ず天下の大害を生ぜん」

と会津を酷評した。やがてこの邪念が西郷に乗り移り、戊辰戦争の会津攻めにつながるのである。

軍艦奉行勝海舟が長州征伐に、「砲撃なり兵員輸送なり幕府軍艦」を動員しなかったのは、すでに勝は裏で木戸孝允や井上馨とよしみを通じていたからである。

一方、幕府当局は、

「長州征伐に幕府軍艦を動員しない軍艦奉行勝海舟は、幕府を裏切った謀反人であり、神戸海軍操練所の塾生たちは長州に与《くみ》する反幕府集団」

と見破り、十月二十二日、神戸にいた勝を江戸へ召喚し、元治元年十一月十日、軍艦奉行を罷免した。幕府は、勝の魂胆を、やっと見抜いたのである。

失脚とは、脚を失う、と書く。

失脚寸前の勝海舟は、脚の見えない幽霊みたいな存在だったのだ。

その勝に西郷は、ものの見事に、騙されたのである。

西郷隆盛の蹉跌

話は長州征伐に戻る。

征長参謀西郷隆盛は、総攻撃予定日の二日前の十一月十六日、降伏の証しとして長州藩家老福原越後、益田右衛門介、国司信濃の三つの首級が広島本営に届けられると、総攻撃延期を通達。総督徳川慶勝は、元治元年（一八六四年）十二月二十七日、征長軍の解散・撤兵令を発した。こうして第一次長州征伐は始まることなく終わった。

第一次長州征伐が終わって征長軍が撤兵すると、早くも一カ月後の慶応元年（一八六五年）一月、たちまち長州藩は攘夷急進派一色に染まり、一気に倒幕に突っ走った。そして慶応二年（一八六六年）一月、坂本龍馬の仲介で薩長同盟が成立し、薩長は一致して倒幕に向かう。

西郷は、このの ち猛スピードで、倒幕という成功ストーリーを駆け上った。

しかし「西郷おろし」は、意外に早く、明治元年から始まっているのだ。

西郷は城山で自刃し、四十九年の波瀾の人生を閉じる。それは、勝に騙された結果でもあって、自業自得ともいえる。

だが、西郷を慕った多くの青少年が、熊本の田原坂に、九州の山野に、屍《しかばね》をさらした。西南戦争で、背中を斬られながらも生き延びて孫を得た男は、まだ運が良かった。

福地源一郎は、東京日日新聞（明治十年三月二十四日付）に、戦死したある少年兵を弔って、こう書いた。

「賊の手帳を得て一見せしに､西洋の手帳にて邦文と英文を取り混ぜにて認《したた》めたり、十八年十ヶ月の少年書生にて、東京に来たり海軍生徒の試験を経たるに、国許容易ならぬ形勢と聞き、鹿児島に帰り、西郷に附随して出張せしを記せる。敵ながらもかほどに英学も出来る少年が賊となりて死せし事、あわれむべし」

また遠く山形県鶴岡から鹿児島の私学校へ国内留学していた伴兼之《ばんかねゆき》二十歳、榊原政治十八歳も西郷に殉じ、ともに鹿児島の南洲墓地に葬られた。

ちなみに鹿児島の「西南の役戦没者名簿」には、六千七百六十五人が記録され、末尾に、庄内藩の伴と榊原の二名の名が記されている。もしこの志ある若者たちが生きて活躍していたら、日清、日露、日米戦争と続く日本の歴史も大きく変わっていたことであろう。

薩摩藩士横山安武が新政府の腐敗を糾弾して明治三年（一八七〇年）七月に自決したとき、

西郷は、

「明治維新は失敗だった。第二の明治維新をやり直す必要がある」

と悟った。それゆえ西郷は、明治三年八月、鹿児島を訪れ教えを乞うた庄内藩士犬塚盛巍に、

「当今、朝廷の御役人は何を致しおり候と思い候や、多分は月給を貪り、大名屋敷に居住致し、何一つ職事あがり申さず。悪しく申さば泥棒なり。まず金槌にていったん響きをつけ、車の回るべき仕方を致し申さずば、相成らざるものと存ぜられ候」(『犬塚報告書』)

と語り、さらに、

「国民の上に立つ者が品行方正で贅沢を戒め、率先して働き国民の模範となるようでなければ、まともな政治は行なわれない。それなのに明治創業に当たって、豪奢な家に住み、華美な服装で飾り、妾を囲い、蓄財に励むようでは、明治維新の功業は遂げられない。いまになっては、戊辰戦争とは単なる私戦に過ぎなかったという結果になり、天下と戦死者に対して面目無いことだ」(『南洲翁遺訓』)

と、しきりに落涙したのである。

西郷が悔悟した、

「天下と戦死者に対して面目無い」

に、西郷が殺した徳川方の将兵および会津の無辜《むこ》の一般市民が含まれるのか否か。このこと

は私には分からない。西郷がいう、

「明治創業に当たって、豪奢な家に住み、華美な服装で飾り、妾を囲い、蓄財に励む者」とは、一体、誰を指すのであろうか。いろいろな人物の顔が浮かんでは消える……。

おそらく勝海舟もその一人であるだろう。


西郷は誤りを知らないリーダーではなかった。しかし、つねに自身を偽ることなく真摯に向かい合い、深く成否を考え抜き、為したことの責任を負い続けた。私は前著で西郷をテロリストと書いたが、幕末動乱の時代に身を置いたとき、どんな手段を使ってでも相手を倒さなければわが身が消える。権謀術数の渦巻く世界で西郷は、ある人々に邪魔者とされ、葬り去られた。

西郷隆盛が生き抜いていたら、あるいは日本は大きく変わっていたのではないか。


（了）

主な参考文献

和宮　武部敏夫　吉川弘文館
勝ち組が消した開国の真実　鈴木荘一　かんき出版
西郷隆盛　猪飼隆明　岩波書店
西郷隆盛　田中惣五郎　吉川弘文館
戊辰戦争から西南戦争へ　小島慶三　中央公論新社
西南戦争と西郷隆盛　落合弘樹　吉川弘文館
西郷隆盛　井上清　中央公論社
ある明治人の記録　石光真人　中央公論社
最後の幕臣小栗上野介　星亮一　中央公論新社
会津藩始末記　永岡慶之助　中央公論社
日露戦争と日本人　鈴木荘一　かんき出版
江藤新平　毛利敏彦　中央公論新社
明治六年政変　毛利敏彦　中央公論新社
西郷と横山安武　清水昭三　彩流社

山県有朋　伊藤之雄　文藝春秋
西南戦争　小川原正道　中央公論新社
会津将軍山川浩　星亮一　新人物往来社
福翁自伝　福沢諭吉　岩波書店
鬼官兵衛烈風録　中村彰彦　歴史春秋出版
国家の品格　藤原正彦　新潮社
島津斉彬　芳即正　吉川弘文館
アメリカの罠に嵌まった太平洋戦争　鈴木荘一　自由社
明治維新の正体　鈴木荘一　毎日ワンズ
日本の歴史19「開国と攘夷」　小西四郎　中央公論社
日本の歴史20「明治維新」　井上清　中央公論社
勝海舟と西郷隆盛　松浦玲　岩波書店
勝海舟　石井孝　吉川弘文館
勝海舟　松浦玲　中央公論社
長崎海軍伝習所　藤井哲博　中央公論社
軍艦奉行木村摂津守　土居良三　中央公論社

咸臨丸海を渡る　土居良三　中央公論社
幕末の魁、維新の殿　小野寺龍太　弦書房
安政の大獄　松岡英夫　中央公論新社
海江田信義の幕末維新　東郷尚武　文藝春秋
明治維新という過ち【改訂増補版】　原田伊織　毎日ワンズ
官賊と幕臣たち　原田伊織　毎日ワンズ
大西郷という虚像　原田伊織　悟空出版
大東亜戦争肯定論　林房雄　番町書房
日本軍閥興亡史　松下芳男　芙蓉書房出版
赤松小三郎ともう一つの明治維新　関良基　作品社
二・二六事件蹶起将校最後の手記　山本又　文藝春秋
おれの師匠　小倉鉄樹　島津書房
氷川清話　勝海舟　角川文庫
西郷南洲遺訓　西郷隆盛　岩波文庫
日本征服を狙ったアメリカの「オレンジ計画」と大正天皇　鈴木荘一　かんき出版
深谷市ホームページ

郵便報知新聞
東京日日新聞
読売新聞
産経新聞
毎日新聞

本文ＤＴＰ・デザイン／株式会社テイク・ワン

政府に尋問の筋これあり　西郷隆盛の誤算

第一刷発行――二〇一八年一月二三日
第三刷発行――二〇一八年二月一一日
著者――鈴木荘一
編集人――祖山大
発行人――松藤竹二郎
発行所――株式会社 毎日ワンズ
〒一〇一－〇〇六一
東京都千代田区三崎町三－一〇－二一
電話　〇三－五二一一－〇〇八九
ＦＡＸ　〇三－六六九一－六六八四
http://mainichiwanz.com

印刷製本――株式会社 シナノ

ISBN 978-4-901622-97-4